Heide Geiss

Glücksorte in Rom

Fahr hin & werd glücklich

Dieses

Glücksbuch

ist für

Liebe Glücksuchende,

in einer so herrlichen, an historischen, mystischen und wundervollen Plätzen mehr als gesegneten Stadt wie Rom 80 Glücksorte auszu-wählen, war für mich als Autorin eine spannende und interessante Herausforderung. Denn zum einen wollte ich eine möglichst bunte Mischung bieten, damit für jeden Leser-Geschmack das Passende dabei ist.
Zum andern möchte ich natürlich auch zeigen, wie vielfältig und abwechslungsreich das Glück in der ewigen Stadt präsentiert ist. Das Resultat sind 80 zauberhafte Glücksorte, die Lust auf das machen, was die Stadt auszeichnet: pure Lebensfreude, intensives Schlemmen und einmalige Erlebnisse. Lässiges „Dolce vita" und barocke Pracht genießen, in verlockenden, süßen Paradiesen schwelgen, sich an ganz besonderen Plätzen mit Panoramablick erholen und eintauchen in römisches Leben, dabei wünsche ich recht viel Spaß. Jeder meiner ganz persönlichen Glücksorte in meiner absoluten Lieblingsstadt ist den Besuch wert.

A presto in Roma e tanti saluti!

Heide Geiss

Deine Glücksorte ...

... noch mehr Glück für dich

Platz nehmen und genießen

1 Ruhebank an der Piazza Venezia

Monumental, klotzig und blendend weiß – über die Architektur des gewaltigen Nationaldenkmals für Vittorio Emanuele II. (Monumento Nazionale a Vittorio Emanuele II.) auf dem Kapitolshügel kann man geteilter Meinung sein – sind die Römer auch! Vielen ist das neoklassizistische Kolossaldenkmal mit seiner Höhe von rund 80 Metern und einer Breite von circa 130 Metern ein ziemlicher Dorn im Auge. „Schreibmaschine (Macchina pro scrivere)" oder „Hochzeitstorte (Torta nuziale)" sind noch die harmlosesten Bezeichnungen. Dennoch ist das „Vittoriano", wie Einheimische das protzige Nationaldenkmal nennen, ein Besuchermagnet, da man ihm mit einem Lift (Eintritt!) auf den Kopf steigen kann. In luftiger Höhe bietet sich vom Dach aus ein grandioser Rundumblick auf die historische Innenstadt, Forum Romanum, Petersdom und Kolosseum inklusive. Wer möchte, kann sich im Ostteil des Gebäudes das Museo del Risorgimento anschauen, eine Dauerausstellung über die italienischen Unabhängigkeitskriege. Das Bauwerk mit dem ewigen Feuer für den unbekannten Soldaten liegt an der Piazza Venezia, einem der verkehrsreichsten Plätze ganz Europas. Busse, Autos, Mofas, Motorräder – hier tummelt sich lautstark und eng aneinander alles, was Räder hat. Ganz schön stressig! Umso erfreulicher ist, dass es gerade an diesem Platz, am Beginn der Via del Teatro di Marcello, eine zauberhafte, kleine grüne Oase gibt, die sich für eine erholsame Pause anbietet. Uralte dekorative Kiefernbäume wiegen sich hier gemächlich im Wind und beschatten zuverlässig den ganzen Platz – gerade im heißen römischen Sommer sehr wohltuend. Steinerne Bänke laden zum Verweilen ein. Einmal Platz genommen vergisst man schnell den Trubel um sich herum und kommt zur Ruhe. Von der Bank aus bietet sich eine andere, spannende Perspektive auf das monströse Denkmal, und es sieht gleich nicht mehr so riesig und klotzig aus. Wie so oft im Leben lohnt es sich auch hier, mal die Perspektive zu wechseln.

TIPP

Nudelgerichte, Sandwiches und Tramezzini in der Bar Campidoglio (Piazza d'Aracoeli 11).

- Bank in der kleinen Grünanlage an der Piazza Venezia, 00186 Rom
- ÖPNV: Bus 51, 60, 85, 87, 170, Station Piazza Venezia

Exakt zwölf Uhr

2

Aussichtshügel Gianicolo an der Via Garibaldi

Rom wurde bekanntlich auf sieben Hügeln erbaut. Der Gianicolo, mit rund 82 Metern höchster Hügel der Stadt etwas außerhalb des Zentrums, zählt nicht dazu. Dennoch ist diese Erhebung, die vom Stadtteil Trastevere bis zur Vatikanstadt reicht, unbedingt einen Besuch wert. Denn von hier aus bietet sich ein sensationeller Panoramablick über die sieben Hügel der Stadt, die riesige Kirchenkuppel des Vatikans, das Monumento Nationale a Vittorio Emanuele II sowie unzählige größere und kleinere Dächer Roms. Wer Glück hat und auf klares Wetter trifft, sieht am Horizont die nahen Albaner Berge und erkennt sogar die entfernteren Gebirgszüge des Latiums. Absolut zu Recht nennen Einheimische diesen Aussichtspunkt den „Balkon Roms“. Unwissende Besucher schrecken um Punkt zwölf zusammen, wenn plötzlich ein Kanonenschuss von der alten österreichischen Kanone unterhalb der Statue des Freiheitskämpfers Giuseppe Garibaldi (1895) abgefeuert wird. Die anderen wissen, auch ohne auf die Uhr schauen zu müssen: Jetzt ist Mittag. Mit diesem unüberhörbaren Signal wollte Papst Pius IX. ab 1847 erreichen, dass alle Kirchenglocken in Rom gleichzeitig zu läuten beginnen. Der Gianicolo bietet seinen Besuchern etliche Sehenswürdigkeiten, u. a. den Leuchtturm aus Marmor, den Faro Al Gianicolo (1911), patriotische Denkmäler, wie das gewaltige Reiterstandbild von Anita Garibaldi, Gattin von Giuseppe Garibaldi, oder die Kirche San Pietro in Montorio aus dem späten 15. Jahrhundert. Im Sommer kann man auf dem Hügel römisches Familienidyll erleben. Denn viele Familien treffen sich hier sonntags, um der Hitze der Stadt zu entfliehen und vor allem gemeinsam zu picknicken. Die Kinder zieht es sofort zum Ponyreiten, zum Kasperl-Theater oder zu den Eisverkäufern mit ihren mobilen Karren, die lautstark ihr Gelato anpreisen. Es wird geredet, viel gelacht und gemeinsam mit Jung und Alt gefeiert – kurzum das Leben in vollen Zügen genossen – mit der ganzen Familie, versteht sich. Glück auf italienische Art!

TIPP

An der höchsten Stelle des Gianicolos befindet sich die barocke Fontana dell'Acqua Paola.

● Gianicolo, Piazzale Giuseppe Garibaldi, 00165 Rom
● ÖPNV: Bus 115, 870, Station Paola

Der äußere Schein trügt

3

Pasticceria Boccione im Ghetto-Viertel

„Man sieht nur, was man weiß." Diese – leicht abgewandelte – Erkenntnis des Dichters Johann Wolfgang von Goethe trifft auch auf die über 200 Jahre alte Pasticceria Boccione zu. Denn die traditionsreiche Bäckerei mit koscheren Backwaren in einem der ältesten Viertel der Stadt, dem ehemaligen Ghetto, wird durch keine Hinweisschilder angekündigt. Den unscheinbaren Laden, der sich in einem ockergelb gestrichenen, historischen Haus befindet, dessen gute Zeiten schon lange vorbei sind, kann man leicht übersehen. Aber der Geruch frischer Backwaren ersetzt das Firmenschild und macht die Vorübergehenden darauf aufmerksam, dass hier köstliches Gebäck angeboten wird. In dem kleinen, schnörkellosen Verkaufsraum der einzigen noch aktiven koscheren Bäckerei Roms herrscht ziemliches Gedränge. Betrachtet man das Angebot in der gläsernen Verkaufstheke, kommen bei dem einen oder anderen Kaufwilligen ernsthafte Zweifel auf. Denn der angebotene Kuchen sieht – sagen wir's einfach, wie es ist – schwarz verbrannt aus. Doch dies muss so sein und hat seine Wurzeln in der Geschichte des einstigen römischen Ghettos. 1555 ließ Papst Paul IV. einen eingezäunten Wohnbereich für Juden errichten, das Ghetto. Die hier lebenden Bewohner wurden durch päpstliche Erlasse in ihrem täglichen Leben sehr eingeschränkt. Dazu zählte auch das Verbot, Milchprodukte zu verkaufen oder mit ihnen Handel zu betreiben. Doch die Juden wussten sich zu helfen und kreierten einen Kuchen, dessen Ricotta (gemischt mit Sauerkirschen) unter einer dicken, geschlossenen Mürbteigschicht versteckt war. Die vielen Stammgäste wissen natürlich um diese Geschichte. Sie kaufen die „Torta di Ricotta con le visciole" wegen ihres unwiderstehlich leckeren Geschmacks. Unbedingt probieren – eine Geschmacksexplosion im Mund, die man aufgrund der leicht verbrannt wirkenden Optik wirklich nicht erwartet hätte! Ein optisch zwar nicht so ganz schönes jüdisches Dessert, das aber alles mit seinem wundervollen Geschmack wettmacht.

TIPP

Heimweh-geplagte besuchen die Pasticceria La Dolceromo (Via del Portico d'Ottavia 20 b), eine österreichische Konditorei.

● Pasticceria Boccione, Viale del Portico d'Ottavia 1, 00186 Rom, Tel. (00 39) (06) 6 87 86 37

● ÖPNV: Bus 40, 60 64, 170, Station Argentina

PASTICCERIA BOCCIONE
TAZZE
€ 10.00 una

Vom Glück des Schenkens

4

Der Trevibrunnen auf der Piazza di Trevi

„Das Gute, welches du andern tust, tust du immer auch dir selbst" – diese Feststellung des Schriftstellers Tolstoi ist wissenschaftlich mehrfach bestätigt worden: Schenken macht glücklich! Doch was haben die Münzen aus aller Herren Länder, die Besucher Roms täglich in den Trevi- brunnen auf der Piazza di Trevi werfen, damit zu tun? Dieser Brauch stammt aus dem US-Film „Drei Münzen im Brunnen" (1954), in dem drei Paare nach vielen geworfenen Münzen und üblichen Verwirrungen zusammenfinden. Die meisten Besucher des spätbarocken Brunnens (1732–1762), der u. a. den Meeresgott Neptun in seinem Streitwagen mit zwei Meerespferden zeigt, werfen nur eine Münze. Die soll – glaubt man der Legende – die Rückkehr nach Rom sicherstellen. Und wer möchte das nicht! Die wenigsten aber wissen, dass der Wurf zweier Münzen die große Chance bietet, in Rom die ganz große Liebe zu finden. Und bei drei geworfenen Münzen ist eine Hochzeit mit dieser Traumperson fast schon sicher. Beim Werfen der Wunschmünzen muss folgendes Ritual eingehalten werden: Man steht mit dem Rücken zum Brunnen, schließt ganz fest die Augen und wirft die Münzen mit der rechten Hand über die linke Schulter ins Wasser. Da man Glück zwar nicht erzwingen, aber sich fest wünschen kann, landen in dem größten Brunnen der Stadt jährlich sage und schreibe rund 1,5 Millionen Euro! Deshalb wird die weltberühmte Sehenswürdigkeit Tag und Nacht von der Polizei bewacht, Langfinger haben keine Chance. Täglich, in aller Herrgottsfrühe, fischen Mitarbeiter der Azienda Comunale Energia e Ambiente (Acea, städtische Energie- und Umweltbehörde) die Münzen aus dem Brunnen, füllen sie in Säcke und schenken diese der Caritas, die damit Arme unterstützt. Übrigens werden die „Einnahmen" der anderen römischen Brunnen ebenfalls der Caritas gespendet. Mit einem Geldwurf kann man also die eigenen und die Wünsche von Bedürftigen erfüllen. Was für ein Glück, dass Gutes tun so einfach ist!

TIPP

Die Kirche Santa Maria in Trivio zeigt herrliche Deckenfresken.

- Fontana di Trevi, Piazza di Trevi, 00187 Rom
- ÖPNV: Metro A, Bus 61, 62, 71, 85, 150, 492, 590, Station Barberini

ERFECIT
ENEDICTVS XIV
N MAX
OSITIS SIGNIS ET ANA
XIII PONT MAX OPVS CVM

Herrscher über die Zeit

5 Polvere di tempo in der Via del Moro

Fast immer hastet man der Zeit hinterher. Zeit bestimmt nicht nur den täglichen Ablauf, sondern das ganze Leben. Meist verfügt man über zu wenig dieses kostbaren Guts, um alles zu erledigen, um mit der Arbeit fertig zu werden oder um im Urlaub alle Sehenswürdigkeiten zu besuchen. Im verwunschenen Haus in der zauberhaften Via del Moro in Trastevere spielt Zeit die Hauptrolle. Man betritt das Geschäft im historischen Backsteingewölbe durch einen efeuumwucherten Eingang. Polvere di Tempo (Staub der Zeit) heißt der wundervolle Laden des argentinischen Architekten Adrián Rodriguez. In seiner Werkstatt kreiert Meister Adrián seit über 25 Jahren mit viel Liebe und handwerklichem Geschick unterschiedlichste Zeitmesser. Es entstehen Sanduhren, Sonnenuhren und andere, die er in seinem kleinen Geschäft anbietet. Wundervoll verpackte Zeit, zeitlose Schönheiten, werden hier verkauft. Man findet aber auch unterschiedliche Kompasse, historische Landkarten, Globen in verschiedenen Größen und handgebundene Notizbücher, in denen man die Zeit handschriftlich festhalten kann. Elektronische Uhren oder Handys sucht man in diesem verwunschenen Kleinod vergeblich. Denn hier hat die Zeit noch eine tiefsinnige Bedeutung: Man begegnet ihr mit Respekt, weiß sie zu würdigen und erkennt, dass jeder nur eine bestimmte Zeit auf Erden hat, die er für sich nutzen sollte. Das ganze Geschäft erinnert eher an ein kleines Museum. Dicht an dicht stehen auf Regalen und Tischen unterschiedliche Zeit-Objekte, wie zum Beispiel große und kleine Sanduhren. Wer sich die Zeit nimmt, kann ihnen dabei zuschauen, wie auf sehr sinnliche Art und Weise die Zeit verrinnt. Der Zeit beim Vergehen zuzuschauen – das ist gerade für diejenigen eine gute Erfahrung, die bislang nur der Zeit nachgerannt sind. Genügend Zeit sollte man übrigens mitbringen, um all die Schätze an diesem verzauberten Ort zu entdecken.

TIPP

„Kunst zum Anziehen" von Künstlern aus ganz Europa findet man im Geschäft Acid Drop (Via del Moro 14).

● Polvere di Tempo, Via del Moro 59, 00153 Rom, Tel. (00 39) (06) 5 88 07 04
www.polvereditempo.it

● ÖPNV: Bus 40, 64, 75, Tram 8, Station Sonnino/S. Gallicano

Essen macht glücklich

6 Restaurant Dar Filettaro a Santa Barbara

Im kleinen Restaurant, das offiziell „Dar Filettaro a Santa Barbara" heißt, das Einheimische aber einfach nur nach der Spezialität des Hauses „Filetti di Baccala" nennen, steht der Genuss an erster Stelle. Alte Fotos und Plakate schmücken die Innenwände. Im gesamten Lokal dominiert Minimalismus: Man sitzt auf einfachen Holzbänken an derben Holztischen mit Papiertischdecken. Auch die Speisekarte ist minimalistisch gehalten. Macht aber nichts, denn fast alle Gäste kommen ohnehin nur wegen der Filetti di Baccala her. Das urige Restaurant befindet sich seit über 100 Jahren am kleinen romantischen Platz Largo dei Librari, unweit des bekannten Platzes Campo de' Fiori. Dass es in dem Lokal die besten Filetti di Baccala der Stadt gibt, darin sind sich die Römer einig. Dieses Backfischfilet, eine echt römische Spezialität, wird dort nach einem traditionellen jüdischen Rezept zubereitet. Für das Gericht benötigt der Koch Baccala (Klippfisch), in Salz konservierter Kabeljau, der hauptsächlich aus Norwegen importiert wird. Er wird zunächst ausgiebig gewässert, um ihm das Salz wieder zu entziehen. Anschließend wird das weiche, weiße Fleisch in riesigen Eisenpfannen in Pflanzenfett ausgebacken. Und zwar in drei verschiedenen Arbeitsgängen (Trippla frittura). Auf diese Weise erhält der Fisch seine leckere, knusprige, appetitlich goldbraune Kruste. Fast schon ein Muss ist der Beilagensalat Puntarelle alla Romana, eine weitere römische Spezialität. Die bei uns weniger bekannte Scheinzichorie schmeckt leicht bitter und erinnert daher etwas an Artischocken. Angerichtet wird der Salat mit einem Sardellen-Dressing. Wenn sich zur Hauptsaison vor dem Lokal eine Warteschlange bildet, sollte man sich davon nicht abschrecken lassen. Denn die Tische werden schnell wieder frei: Man isst, bezahlt und geht wieder. Das ist kein Lokal, in dem man länger sitzenbleibt. Wer es eilig hat, kann sein Filettaro auch „to go" bestellen. Dem traumhaft guten Geschmack tut das keinen Abbruch! Genial einfach – einfach genial!

TIPP

Barocke Pracht vom Feinsten bietet die nahe Kirche Sant' Andrea della Valle (Corso Vittorio Emanuele II.).

- Dar Filettaro a Santa Barbara, Largo dei Librari 88 (Centro Storico), 00186 Rom, Tel. (00 39) (06) 6 86 40 18
- ÖPNV: Bus 40, 46, 62, 64, 70, 81, 87, 492, 628, 918, Station Argentina

FILETTI DI BACCALA'
ENTRATA SPINGERE
ENTRANCE PUSH
AREA
VIDEOSORVEGLIATA
SALA INTERNA
2014
tripadvisor
yelp
CI AMANO!

Romantische Pause

7 Im grünen Park Villa Borghese

Für viele Römer ist die grüne Villa Borghese oberhalb der Piazza del Popolo ein zauberhafter Park mitten im Herzen der Stadt, ein Ort des gelebten Glücks, grandiose Ausblicke auf die Ewige Stadt garantiert! Zu der fünf Quadratkilometer großen, Anfang des 17. Jahrhunderts entstandenen üppigen Parklandschaft zählt auch die Galleria Borghese mit einer hochkarätigen Kunstsammlung, eine Pferderennbahn (Piazza di Siena) und der Bioparco, Zoo der Stadt. Im Sommer nutzen viele Einheimische ihre grüne Lunge für ausgiebige Picknicks mit der ganzen Familie. Man kann in der gepflegten, großen Grünanlage mit altem Baumbestand aber auch joggen, Segway und Fahrrad fahren, weniger Sportliche können mit einem Bimmel-Bähnchen den Park entdecken oder einfach nur die Seele baumeln lassen. Ideale Plätze hierfür sind die Sitzbänke rings um den zauberhaften Laghetto di Villa Borghese, ein kleiner, künstlich angelegter See zu Füßen des romantischen Tempio di Esculapio (1785–1792), Asklepios, dem griechischen Gott der Heilkunst, geweihten Tempels. Der Blick auf das ruhige Wasser mit seinen lautlos dahingleitenden Ruderbooten (können gemietet werden) ist Balsam für die Seele. Hohe Pinien mit ausladenden Kronen und knochige Steineichen spiegeln sich auf der Wasseroberfläche wider und lassen spielerisch die Grenzen zwischen Sein und Schein verschwimmen. Wer etwas Glück hat, entdeckt eine der über 90 Schildkröten, die in dem Gewässer leben und dort gekonnt die Langsamkeit zelebrieren. Der schöne Blick auf den kleinen See ist nicht nur ausgesprochen romantisch, sondern wirkt herrlich entspannend. Pure Erholung nach einer anstrengenden Sightseeing-Tour durch das laute und hektische Rom. Und eine gute Gelegenheit, all die neuen Impressionen einmal in aller Ruhe Revue passieren zu lassen. Eigentlich möchte man diesen zauberhaften Ruheplatz nicht mehr verlassen, so glücklich und zufrieden ist man hier. Doch es gibt noch so viel zu sehen und zu erleben in der Ewigen Stadt! Also: Andiamo, meine Freunde!

TIPP

Im Puppentheater San Carlino (Viale dei Bambini) begrüßt der Kasperl seine Fans. www.sancarlino.it

- Park Villa Borghese, Piazzale del Museo Borghese, 00155 Rom
- ÖPNV: Metro A, Station A Flaminio Spagna; Bus 61, 89, 160, 490, 495, diverse Haltepunkte direkt am Park

10
13

Glück ist Käse

8 Antico Caffè del Moro in Trastevere

Wer in das Restaurant Antico Caffè del Moro geht, besucht eigentlich eine Kaffeebar, die schon seit 1873 besteht. Erst in neuerer Zeit wurde die Bar mit einem gemütlichen Restaurant und einer stylischen Weinbar erweitert. Das historische Namensschild an der Außenwand über dem Lokaleingang ist eine Rarität und stammt noch aus dem Jahr 1896. Zu sehen sind zwei Uniformierte und ein Matrose, die drei dunkelhäutigen Frauen ein Glas Fernet-Branca reichen. Die Küche offeriert hauptsächlich köstliches, authentisches römisches Essen. Beispielsweise eines der ältesten Nudelgerichte der römischen Küche, das von den Gästen sehr begehrte „Cacia e Pepe" (Käse und Pfeffer). Doch woraus besteht dieses lukullische Glück? Für den Wirt zählen Fakten: wenig Zeit für die Zubereitung, kostengünstige Zutaten und die große Zufriedenheit der Gäste nach dem Genuss. Für die Besucher zählt das unnachahmliche, bemerkenswert köstliche Geschmackserlebnis. Entscheidend sind sowohl die Qualität der Zutaten als auch das ständige Verrühren (Mantecatura) nach einem festgesetzten Reglement. Nur so kann die begehrte cremige Konsistenz entstehen! Der Käse, den man für dieses Spaghetti-Gericht verwendet, ist nicht einfach nur ein banaler Käse, sondern ein gereifter original Pecorino Romano (römischer Schafsmilchkäse) aus dem Latium, der Gegend rings um Rom. Dort wird er schon seit rund 2000 Jahren aus Schafsmilch glücklicher Vierbeiner hergestellt. Im Unterschied zum „normalen" Pecorino hat der „Romano" einen etwas milderen, weniger salzigen, beinahe schon süßlichen Geschmack. Der Pfeffer wird in einem Mörser manuell zerkleinert, um die Aromastoffe nicht zu zerstören. Bei der Pasta kommen Spaghetti mit Eiern zum Einsatz, damit sich die sämige Käsesauce optimal an die Pasta anschmiegen kann. Das fertige Gericht wird dann vom freundlichen Servicepersonal heiß serviert. Glück kann so einfach sein und dabei so gut schmecken! Bon appetito!

- Restaurant Antico Caffè del Moro, Via del Moro/Ecke Via della Pelliccia, 00153 Rom, Tel. (00 39) (06) 5 81 62 61, www.anticocaffedelmoro.eu
- ÖPNV: Tram 8, Bus 40, 64, 75, Station Piazza Trilussa

ANTICO CAFFÉ DEL MORO
FERNET-BRANCA
VIA
DELLA
PELLICCIA
BAR
DAL 1873
ANTICO CAFFE DEL MORO

Shopping de luxe

9 Im Kaufhaus Rinascente

Für alle Shopping-Queens und Shopping-Kings gibt es in Rom vermutlich nur einen einzigen, wahren Glücksort: das Kaufhaus Rinascente! Was das Lafayette für Paris, das KaDeWe für Berlin, das Harrods für London und der Oberpollinger für München ist das Nobelkaufhaus Rinascente für Rom. Mehr als zehn Jahre lang wurde das Gebäude umgebaut und restauriert, bis es 2017 endlich eröffnet werden konnte. Von außen unscheinbar, ist es im Inneren ein architektonisches Highlight. Die einzelnen Etagen sind um einen quadratischen Innenhof mit schwarz-weißem Karoboden gleichmäßig angeordnet. Das Einkaufsparadies der gehobenen Preisklasse ist rund 14.000 Quadratmeter groß, verteilt auf insgesamt sieben Stockwerke. Sage und schreibe 800 Marken, oft von Exklusivmarken aus dem Bereich Fashion, Design, Home und Beauty warten auf großzügige Kauflaune der eher betuchten Kundschaft. Wer hier etwas erwerben möchte, sollte einen gut gefüllten Geldbeutel haben. Aber auch diejenigen, die sich einfach nur umsehen wollen, kommen in dem Modeluxustempel auf ihre Kosten. Allein schon wegen der gelungenen Architektur und der aufwendig dekorierten Shops. Im Untergeschoss erwartet die Besucher noch eine Überraschung, mit der man hier nie rechnen würde: Bei den Umbauarbeiten wurde ein römisches Aquädukt entdeckt, freigelegt und geschickt in die moderne Architektur integriert – sehenswert! Der sechste Stock widmet sich mit vier Restaurants ganz den lukullischen Genüssen: Neben einem Restaurant mit Bioprodukten, einem mit japanischer Küche und einer Cantina mit ausgesuchten Weinen und kleinen Häppchen residiert im vierten Restaurant ein Sternekoch. Den krönenden Abschluss eines gelungenen Bummels durch das Shopping-Paradies bildet stilgerecht ein Espresso in der schicken Lounge Bar auf der großen Dachterrasse im achten Stock. Dieser köstliche Caffè sprengt keine Urlaubskasse. Den sensationellen Panoramablick auf das Dächermeer der Stadt und auf die berühmte Kuppel des Petersdoms gibt es kostenlos dazu – selbst hier!

TIPP

Während des Sommer- und Winterschlussverkaufs kommen Schnäppchenjäger voll auf ihre Kosten.

- Rinascente, Via del Tritone 61 und Via Dei Due Macelli 23, 00187 Rom
- ÖPNV: Bus 52, 53, 62, 63, 71, 83, 160, Station Tritone-Trevi

Spielplatz für Wassertiere

10

Der Schildkröten-Brunnen auf der Piazza Mattei

Eines der ältesten Symbole der Welt ist eine Schildkröte. Sie steht – wie kein anderes Tier – für Weisheit, wegen ihres starken Panzers für Kraft und wegen ihrer gemütlichen Gangart für Ruhe und Bedächtigkeit. Wer die entzückenden Schildkröten aus Bronze am Brunnen Fontana delle Tartarughe auf der schmucken, kleinen Piazza Mattei betrachtet, sieht nicht nur diese Eigenschaften, sondern erlebt sie auch in erstaunlicher Leichtigkeit: Filigran, fast schon zart wirkende Lebewesen, die spielerisch versuchen, über den Brunnenrand in das Wasserbecken zu gelangen. Wie gut, dass die vier anmutigen, gutaussehenden Jünglinge mit traumhaftem Bodyindex das Spiel der Schildkröten unterstützen, indem sie ihnen in das Nass helfen. Der hübsche Brunnen steht seit 1585 auf der Piazza Mattei, die trotz der Nähe zur berühmten Spanischen Treppe eine beschauliche Oase inmitten der quirligen Stadt geblieben ist. Schöpfer der vier Epheben (Waldwesen) und der vier Delfine, auf denen sich die jungen Sixpack-Herren abstützen, ist der italienische Bildhauer und Architekt der Spätrenaissance Taddeo Landini (ca. 1561–1596). Sein Entwurf sah vor, dass die Jünglinge nach kleinen Delfinen greifen sollten. Dieser Plan wurde – warum auch immer – nicht realisiert. Statt der Meeressäuger zieren seit 1658 die besagten vier Schildkröten den Brunnen. Ein Werk des berühmten Bildhauers Gian Lorenzo Bernini (1598–1680), von Papst Alexander VII. in Auftrag gegeben. Der Brunnen mit den schnellen Delfinen, die im gewollten Kontrast zu den sich langsam fortbewegenden Schildkröten stehen, vermittelt seinen Betrachtern eine wichtige Botschaft: „Eile mit Weile", oder, wie es in Rom heißt: „Festina lente"! Wer diesen klugen Ratschlag in sein eigenes Leben integriert, wird schon bald feststellen, dass sich mit dieser Einstellung die schönen Dinge des Lebens, die kleinen wie die großen, besser und intensiver genießen lassen. E vero!

TIPP

Ausgezeichnete Spezialitäten gibt es im römisch-jüdischen Restaurant Nonna Betta (Via del Portico d'Ottavia 16).

- Fontana delle Tartarughe, Piazza Mattei, 00186 Rom
- ÖPNV: Bus 30, 62, 492, Station Monti Tiburtini/Pertini

Paradies für Bücherwürmer

11

Biblioteca Angelica nahe der Piazza Navona

Dass Johann Wolfgang von Goethe (1749–1832) ein großer Fan von Rom war, ist bekannt. Rom sei für ihn „um vor der Welt unterzutauchen". Ein perfekter Ort zum „Untertauchen" ist die historische Biblioteca Angelica nahe der Piazza Navona. Ob Goethe die 1604 gegründete Bibliothek jemals besuchte, weiß man nicht. Sie ist europaweit eine der ältesten öffentlichen Bibliotheken und hätte dem Dichterfürsten sicherlich gefallen. Ihr Bestand umfasst rund 200.000 Bücher, etwa 100.000 davon aus dem 15. bis 19. Jahrhundert sowie Handschriften und historische Drucke. Doch nicht nur die beeindruckende Auswahl an Lesematerialien hätte Goethe begeistert, auch das herrliche historische Interieur ist sehenswert. Die Eingangstür zur Biblioteca befindet sich rechts neben der Basilika Sant'Agostino in einem neueren Seitenflügel des riesigen Augustinerklosters. Das schlichte Äußere trügt. Wer die große, rechteckige Bücherhalle (Vaso) mit nicht enden wollenden, hohen Wänden im ersten Stock betritt, bleibt erst einmal voller Staunen und Bewunderung stehen. Welch grandioser Anblick! Fast könnte man meinen, hier das italienische Pendant zur Hogwarts-Schulbibliothek, bekannt aus den Harry-Potter-Filmen, gefunden zu haben. Der Raum mit dem riesigen Tonnengewölbe zeigt eine völlig andere magische Welt aus längst vergangenen Epochen. Zeit scheint keine Rolle mehr zu spielen. Es herrscht hier – trotz etlicher fleißig arbeitender Studierender und einigen Besuchern – ehrfurchtsvolle Stille. Riesige, kostbare Holzregale aus der Gründerzeit der Bibliothek bergen zahllose historische Bücherschätze und verleihen dem Saal Würde und Weisheit. Bände, vollgepackt mit unzähligen Geheimnissen, sensationellen Entdeckungen, spannenden Eroberungen und furchtbaren Tragödien. Ein Menschenleben ist viel zu kurz, um sie alle zu lesen. Und weil ein Menschenleben – verglichen mit diesen jahrhundertealten Wälzern – begrenzt ist, sollte man seine Zeit nutzen. Daher „Carpe diem" (Nutze den Tag) – Rom ist ein wundervoller Ort, damit gleich zu beginnen!

TIPP

Die Eisdiele Giolitti (Via Degli Uffici del Vicario 40) verwöhnt mit köstlichem Eis.

- Biblioteca Angelica, Piazza di Sant'Agostino 8, 00186 Rom, Tel. (00 39) (06) 6 84 08 01 www.bibliotecaangelica.beniculturali.it
- ÖPNV: Bus 30, 40, 46, 62, 63, 64, 70, 81, 87, 492, 628, Station Lepanto

Glück für Shopping-Queens

12

Via Cola di Rienzo im Stadtteil Prati

Wer gerne exklusive, internationale Designer-Marken im gehobenen Preissegment shoppt, wird in der Via Cola di Rienzo sicherlich kaum fündig. Diese Klientel zieht es in das „Goldene Dreieck" zwischen der Via del Corso, der Piazza del Popolo und der Spanischen Treppe. Die Bezeichnung „Golden" kann ruhig wörtlich genommen werden, denn hier reiht sich ein Luxusgeschäft an das andere. Doch wo ist das Shopping-Paradies für diejenigen Römer, die nicht über einen derart gut gefüllten Geldbeutel verfügen – und das sind sicherlich viele? Perfekten Einkaufsspaß für „Otto Normalverbraucher" garantiert die lebendige Via Cola di Rienzo. Viele Römer lieben diese abwechslungsreiche Einkaufsstraße, auf der sie nach Lust und Laune shoppen, Schnäppchen ergattern oder einfach nur die zum Teil ausgefallenen Schaufensterdekorationen bestaunen können. Wem geht bei diesem riesigen Angebot nicht das Herz auf: Unzählige Bekleidungsläden (mit meist moderaten Preisen), viele Schuhgeschäfte, Buchhandlungen für große und kleine Leseratten, Parfümerien – kurzum, hier findet sich alles, was für das tägliche Leben benötigt wird (oder auch nicht). Beim Bummel über die hübsche Einkaufsstraße fallen die zum Teil historischen Fensterfronten auf. Über großen Schaufenstern prangen noch die alten Schriftzüge und verleihen der Via ihr ganz besonderes Flair – eine gelungene Mischung aus Tradition und Gegenwart. In den kleinen, traditionellen Geschäften kennt der Chef seine treue Stammkundschaft, bedient persönlich und berät sie bestens. Zahlreiche Bars und Cafés, wie das Portofino Caffè (Nr. 116) oder die Bar Pasticceria Cantiani (Nr. 234–236) laden zu einer Erholungspause ein, wenn die Füße müde geworden sind. In den kleinen Wohlfühloasen kann man bei einem Espresso in römischer Atmosphäre herrlich entspannen – wunderbar! Das Glück für Shopping-Queens kostet nicht viel, nur einen kleinen Kaffee.

TIPP

Nach dem Shoppen geht es in die Gelateria La Romana (Via Cola di Rienzo 2) mit köstlichem Eis und Kuchen.

● Via Cola di Rienzo, 00192 Rom
● ÖPNV: Metro A, Bus 492, Station Lepanto

Nichts ist, wie es scheint

13

Palazzo Spada an der Piazza di Ferro

Der imposante Palazzo Spada, ein prächtiger Stadtpalast an der Piazza Capo di Ferro, wurde Ende des 16. Jahrhunderts als päpstliche Sommerresidenz erbaut und dient heute u. a. als Sitz des italienischen Staatsrates (Consiglio di Stato). Im ersten Obergeschoss ist die „Galleria prospettica" untergebracht. Die hochkarätige private Gemäldesammlung des kunstsinnigen Kardinals Bernardino Spada (1594–1661), Namensgeber des Gebäudes, präsentiert hauptsächlich Werke aus dem 17. Jahrhundert. Der feinsinnige Kardinal erwarb das prachtvolle Gebäude 1623 vom Erbauer, Kardinal Girolamo Capodiferro. Die Besonderheit der Kunstsammlung ist: Die meisten original erhaltenen Einrichtungsgegenstände und Bilder sind noch an ihren ursprünglichen Plätzen zu sehen. Der Innenhof überrascht mit einer perfekten Sinnestäuschung – erlebenswert! Der Barockkünstler Borromini schuf hier eine makellose Illusion. Nichts ist, wie es scheint! Der Meister ließ sich eine Kolonnade mit zwei Säulenreihen und Tonnengewölbe einfallen, die zu einem weiteren Innenhof mit einer großen Skulptur als Blickfang zu führen scheint. Der dem Betrachter fast unendlich lang erscheinende Gang ist – bitte nicht wetten – lediglich 8,58 Meter lang. Und der hintere Innenhof, zu dem der Gang führt, ist nichts anderes als ein profaner Lichtschacht. Aber man hätte schwören können … Auch die Skulptur versteht sich auf das Täuschen: Erschien sie am Beginn des Ganges noch sehr groß, wird sie beim Näherkommen immer kleiner und schrumpft schließlich auf reale etwa 80 Zentimeter zusammen. Eine meisterhafte Illusion, die dank perspektivischer Kniffe täuschend echt gelungen ist. So viel sei verraten: Borromini lässt den Fußboden nach hinten leicht ansteigen und sorgt so dafür, dass die Säulen nach hinten hin immer kürzer werden. Beträgt ihre Höhe im Vordergrund noch etwa 5,70 Meter, verkürzt sie sich im Hintergrund auf circa die Hälfte. Trompe-l'oeil in allerbester unterhaltsamer Manier – deshalb lässt sich das Auge gerne irreführen und zaubert dem Betrachter ein verschmitztes Lächeln ins Gesicht.

TIPP
Der prächtige Palazzo Farnese (Piazza Farnese 1) ist einer der schönsten Stadtpaläste der Stadt.

- Palazzo Spada, Piazza Capo di Ferro 13, 00186 Rom
  www.galleriaspada.beniculturali.it
- ÖPNV: Bus 46, 56, 62, 64, 70, 81, 87, 492, 629, Station Largo di Torre, C.so Vittorio Emanuele/S. A. Della Valle

Spiritueller Ort

14 Parco Savello auf dem Aventin

Welch romantisches Kleinod, was für ein spiritueller Platz! Und ein grandioser Panoramablick auf den imposanten Petersdom und die Dächer der verwinkelten Altstadt! Wer hierher, in den Parco Savello, kommt, sucht die Ruhe und möchte dem Trubel der hektischen Stadt für kurze Zeit entfliehen. Diese wunderschöne, knapp 7800 Quadratmeter große Ruhe-Oase befindet sich auf einem der berühmten sieben Hügel Roms, dem Aventin. Die Grünanlage, bis heute noch ein Geheimtipp, liegt nahe der Basilika Santa Sabina und dem Dominikanerkloster, das auf den Überresten des einstigen Schlosses Savelli errichtet wurde. Die Savelli, eine alte, reiche und einflussreiche römische Adelsfamilie, waren Namensgeber des Parks. Für viele Erholungsuchende ist die grüne Lunge ein spiritueller Ort, was vielleicht an der Nähe zum Gotteshaus und zum Kloster liegen mag. Die Römer nennen den Stadtgarten einfach Orangengarten (Giardino degli Arancini), und das aus gutem Grund. Glaubt man der Legende, schenkte der Heilige Dominikus, Gründer des Dominikanerordens, dem Klostergarten, also dem jetzigen Park, den ersten Orangenbaum. Wie man sich heute vergewissern kann, sollten im Lauf der Geschichte noch viele weitere Orangenbäumchen folgen. 1932 erhielt die Grünanlage ihre heutige Form. Beim gemütlichen Schlendern über die zentrale Allee staunt man über die riesigen Pinienbäume, die sich schützend über den Fußweg beugen. Weht der Wind durch die alten Äste, scheint es, als ob die knorrigen Baumriesen uralte Geschichten erzählen. Vielleicht über die unzähligen glücklichen Brautpaare, die in der nahen, für Hochzeiten sehr beliebten Basilika den Bund fürs Leben schlossen und schließen. Oder über junge verliebte Römerinnen, die vor der grandiosen Kulisse der Tibermetropole die Frage aller Fragen gestellt bekommen. Oder einfach nur von Menschen, die an diesem charmanten, wundervoll nach Orangenblüten und Pinienharz duftenden Ort zur Ruhe kommen und glücklich sind!

TIPP

Durch das Schlüsselloch der Holztür des Malteserordens (Piazza Cavalieri di Malta) erblickt man den Petersdom.

● Parco Savello, Eingang Piazza S. Pietro oder Via di Santa Sabina, 00153 Rom
● ÖPNV: Metro B, Bus 75, 170, Station Circo Massimo

Einfach mal danke sagen

15 Danksagungswand in der Viale di Trastevere

Trastevere, eines der derzeit angesagtesten römischen Viertel, präsentiert sich seinen vorwiegend jüngeren Besuchern ausgesprochen charmant mit hippen Läden, ausgefallenen Boutiquen und trendigen Bars. Enge Gassen mit altem Kopfsteinpflaster führen vorbei an windschiefen, bunten Häusern, die eine lange Geschichte erzählen könnten. Auf den Straßen und Plätzen geht es lebendig zu – tagsüber ebenso wie nachts – so auch in der stark befahrenen Viale di Trastevere. Umso erstaunter ist man, hier einen kleinen Ort zu finden, der Ruhe und Geborgenheit ausstrahlt, eine rund 30 Quadratmeter große Wand, an der die Römer Täfelchen aus unterschiedlichsten Materialien anbringen, um sich für etwas zu bedanken. „Du hast für mich gesorgt", heißt es darauf. Oder: „Liebe Mutter, danke von uns allen". Doch wer ist der geheimnisvolle Empfänger für all diese Danksagungen? Es handelt sich um die Madonna degli Orfani, die 1944 von dem italienischen Bildhauer Arrigo Minerbi (1881–1960) in einem kleinen Schrein aus Ton gestaltet und an dieser Wand angebracht wurde. Ihre heilenden Kräfte sprachen sich schnell bei der Hilfe suchenden Bevölkerung herum, und die Zahl der bittenden Gläubigen, die zu ihr kamen, wuchs ständig. Um die Muttergottes der Waisen vor dem Ansturm ihrer Fans zu schützen, musste sie 2010 mit einer Glasscheibe geschützt werden. Doch das tut der inniglichen Verbindung vieler Römer zur Heiligen keinen Abbruch. Die an der Mauer angebrachten Tafeln erzählen von Wünschen, Familiengeschichten, Tragödien, schweren Krankheiten, Unfällen mit tödlichem Ausgang und alten Menschen, für die es keine Heilung mehr gab. Aber sie berichten auch von großem Glück: Darüber, dass das eigene Kind dank der Madonna wieder gesund wurde, dass im passenden Moment Hilfe kam, beruflicher Erfolg erzielt und die große Liebe gefunden wurde – und vom Glück, gesund sein zu dürfen! Glück, Demut und Dankbarkeit stehen einander oft sehr nah, wie man hier an der Danksagungswand beeindruckend erleben kann.

TIPP

Das Alle fratte do Trastevere (Via delle Fratte di Trastevere 49) steht für echte italienische Küche.

- Danksagungswand, Viale di Trastevere 143, 00198 Rom
- ÖPNV: Bus 75, Tram 8, Station Trastevere/Min.P.Istruzione

PER GRAZIA RICEVUTA F.D.L.F. 2010
GRAZIE MADONNINA C
PER GRAZIA RICEVUTA K
PER GRAZIA RICEVUTA K
GRAZIE MADONNINA C
GRAZIE MARIA 24-IV-1963
C. C. DI TORINO
PER GRAZIA RIC. BIANCO RAFF. NAPOLI 1964
SEMPRE GRATO SALVATORE S. 1956
P. G. R. 7-10-955 LUCIA M.
P. G. R. B.M. B.I. 18-12-1957
GRAZIE MADONNA
GRAZIE MADONNA
EBBI FEDE PREGAI OTTENNI 9.5.1961
P.G.R. PAOLA
PANE AGLI ORFANI
P. G. R. 9 · 9 · 1957 T. V.
GRAZIE MADONNA M.P.
GRAZIE MADRE SANTA A.M.B. DICEMBRE 1996
P G R D.E.E.-M.P.-P.P.-P.L. 3 1 1965
PER GRAZIA RICEVUTA PROTEGGIMI SEMPRE ANNA MARIA ROMA 22.1.2013
ALLA SANTA VERGINE MARIA PER GRAZIA RICEVUTA
PER GRAZIA RICEVUTA A.M.B.
1969 ~ 1979 Dieci anni di grazie A.A.A.
P.G.R. India
Ancora grazie Madre Santa A.M.B.

Hier ist Kunst zu Hause

16 Via Margutta nahe der Spanischen Treppe

Wer aus nur zwei Elementen, Wasser und Travertin, ein wunderschönes Kunstobjekt kreiert, das die Geschichte einer ganzen Straße erzählt, muss ein echter Künstler sein! Und den gab es: Der italienische Architekt Pietro Lombardi (1894–1984) schuf den Brunnen Fontana delle Arti in der legendären Künstlerstraße Via Margutta nahe der Spanischen Treppe. Den „Brunnen der Künstler" zieren u. a. zwei Masken, eine lächelnde und eine traurig dreinschauende – in Anspielung auf das meist turbulente Künstlerleben, geprägt von Höhen und Tiefen. Dass dieses Wahrzeichen der romantischen Künstlergasse direkt vor der ockerfarbenen Außenwand des Hauses Nr. 54 steht, ist kein Zufall. Denn in seinen Mauern logierte von 1887 bis 1960 die Organisation Associazione Artistica Internationale, mitprägend für Roms kulturelles Leben. Während früher kleine Handwerksbetriebe das Straßenbild der Via Margutta prägten, siedelten sich mit Beginn der 1950er-Jahre Kunstschaffende in den historischen Häusern mit den verwunschenen Hinterhöfen an. Wen wundert's, denn das schmale Sträßchen mit Kopfsteinpflaster und grün berankten bunten Fassaden inspirierte auch internationale Kunstsinnige, die sich hier einquartierten. So wie in den Künstlerateliers, den Studi Patrizi (Nr. 53). 1917 logierte hier der Maler Pablo Picasso, 1956 der Schriftsteller Jean Paul Sartre mit Simone de Beauvoir und 1964 der Schriftsteller Max Frisch. Einige Szenen der berühmten Filmromanze „Ein Herz und eine Krone" (Audrey Hepburn, Gregory Peck) wurden 1953 in dieser zauberhaften Straße der Maler gedreht. Im Haus Nr. 110 wohnte der Regisseur Federico Fellini mit seiner Ehefrau Giulietta Masina, ebenfalls Schauspielerin. Man sagt, die Via Margutta sei die romantischste Straße Roms. Vielleicht. In jedem Fall ist sie eine Gasse, von der eine faszinierende Magie ausgeht, eine morbide, nicht fassbare, betörende Schönheit – ein inspirierender Glücksort, der zum ausgiebigen Verweilen und Genießen einlädt.

TIPP

Einmal im Jahr stellen in der Via Margutta rund 100 Künstler ihre Werke aus. www.centropittoriviamargutta.it

- Via Margutta, 00187 Rom
- ÖPNV: Metro A, Station Flaminio oder Spagna

In den Himmel hinauf

17 Spanische Treppe an der Piazza di Spagna

68 Meter ist die berühmte Spanische Treppe (1723–1725) lang. Sie führt von der Piazza di Spagna hinauf zur Kirche Trinità dei Monti. Ihre deutsche Bezeichnung erhielt das Unesco-Weltkulturerbe von der nahen Piazza di Spagna, Römer nennen die imposante Treppe Scalinata di Trinità dei Monti (Treppen der Kirche Triniti dei Monti). Der steinerne Aufgang ist eine architektonische Meisterleistung! Rund 138 Stufen gleichen einen Höhenunterschied von 23 Metern aus. Drei Terrassen in unterschiedlichen Höhen teilen die Treppe optisch auf und symbolisieren die Heilige Dreifaltigkeit der Kirche am oberen Treppenende. Doch warum zählt die Spanische Treppe zu den beliebten Hotspots der Stadt? Vielleicht, weil sich hier die einmalige Chance bietet, feierlich von der Erde, der Piazza di Spagna, in den Himmel, nämlich zur Kirche Santa Trinità dei Monti, geleitet zu werden. Die imposante Freitreppe, eine der schönsten weltweit, weckt das unbeschreibliche Gefühl, dem Himmel ein Stück näherkommen zu dürfen. Spektakuläre Ausblicke auf die Piazza mit dem 1627 bis 1629 erbauten Brunnen Fontana della Barcaccia eröffnen sich beim Aufstieg. Sein Erbauer, Pietro Bernini, ließ sich übrigens von der Realität inspirieren: Nachdem der Tiber im Jahr 1598 große Teile der Stadt überschwemmte, blieb beim Zurückfließen des Wassers just an der Stelle ein gestrandetes Boot liegen. Deshalb zeigt der Brunnen eine gestrandete Barke. Kurz vor Erreichen des Himmels – des oberen Treppenabschnitts – passiert man noch den Sallustiano-Obelisken, dessen stattliche Höhe (14 Meter) die Nähe zu Gott demonstrieren soll. Tief beeindruckt von diesen Impressionen erblickt man an der Spitze der Treppe den Himmel, die Kirche Santissima Trinità dei Monti. Mit ihren markanten Türmen ist sie das Wahrzeichen der Spanischen Treppe. Im Inneren des Gotteshauses erzählen schöne Fresken lebendig und farbenfroh von christlichen Ereignissen. Vor der Rückkehr zur Erde sollte man den Himmel von einer Kirchenbank aus ausführlich genießen. Denn dorthin gelangt man schließlich nicht jeden Tag!

TIPP

Seit 2019 ist es verboten, sich auf die Treppe zu setzen. Polizisten verteilen hohe Bußgelder.

- Spanische Treppe, Piazza di Spagna, 00187 Rom
- ÖPNV: Metro A, Station Spagna; Bus 119, Station Trinità dei Monti

Zieh mich hoch

18 Pompi Rom in der Via Albalonga

Man nehme Eigelb, Eiweiß, Mascarpone und in Alkohol (z. B. Marsala oder Amaretto) sowie Kaffee getränkte Löffelbiskuits, schichte das Ganze sorgfältig aufeinander, lasse es einige Stunden im Kühlschrank stehen, damit es fest wird, bestäube die süße Verführung vor dem Servieren noch mit Kakaopulver, und schon ist der italienische Dessertklassiker fertig: das Tiramisù (wörtlich übersetzt: „Zieh mich hoch"). Ursprung dieser weit über die italienischen Grenzen hinaus bekannten Süßspeise ist die Region Venetien. Wie sie nach Rom gelangte, ist nicht bekannt. Hinreichend bekannt ist aber, dass es in der kleinen, charmanten Bar Pompi in der Nähe der Piazza Re di Roma das beste Tiramisù der Stadt gibt – und zwar schon seit über 60 Jahren! Das Familienunternehmen bezeichnet sein Café – nicht ganz unbescheiden – als „Das Königreich des Tiramisù" (Il Regno del Tiramisù). Firmengründer Giuliano Pompi machte mit viel Einfallsreichtum, Arbeit und Geschäftssinn aus einer kleinen Molkerei in der Via Albalonga einen beliebten Treffpunkt für Feinschmecker süßer Delikatessen. Angeboten werden u. a. köstliche Eissorten, Kuchenspezialitäten und herzhafte Snacks. Doch die meisten Besucher werden vom traumhaft leckeren Tiramisù angelockt, das die Söhne Pompis bis heute nach dem Originalrezept des 1997 verstorbenen Seniors herstellen. Denn nur wenn hochwertige Zutaten sich mit ausgezeichneter Handwerkskunst vereinen, kann dieser einmalige Genuss entstehen. Die Besucher können zwischen verschiedenen Varianten wählen: beispielsweise ohne Alkohol, mit Nüssen, Erdbeeren, Pistazien oder Bananen. Wer seinen Lieben eine Portion vom süßen Glück mitbringen möchte, bekommt das Produkt in umweltfreundlicher, 100 Prozent biologisch abbaubarer Verpackung. Allen Touristen sei noch verraten, dass man etliche der leckeren Verführungen von zu Hause aus bequem über das Internet bestellen kann. Natürlich kein Vergleich zum realen Genuss vor Ort, denn diese vergnügliche Verführung für alle Sinne gibt es nur live!

TIPP

Die Zanussi Disco (Piazza Tarquinia 5 e) lädt zu Tanzabenden ein: Salsa, Tango, Swing!

- Pompi Rom, u. a. Via Albalonga 7 b, 00183 Rom, Tel. (00 39) (06) 96 00 62 37 www.barpompi.it
- ÖPNV: Metro A, Station Re di Roma

OMPI
17
Coffee
Hot Chocolat
Crêpes
Maritozzo
Croissant
POMP
il Regno del Tirami
TIRAMISÙ
SENZA LATTOSIO
SENZA GLUTINE
ICE CREAM
Gelato
DESSERT
Pasticceria
COFFEE
Espresso
TEA ROOM
Sala interna
www.barpompi.it

Magisch-grünes Wohnzimmer

19 Piazza Cavour im Stadtteil Prati

„Werd' ich zum Augenblicke sagen: Verweile doch, Du bist so schön!" (Zitat aus Faust I. von Johann Wolfgang von Goethe). Auch Goethe wusste um die Unmöglichkeit, die Zeit festzuhalten. Doch für jeden Einzelnen gibt es die Chance, sich Glücksmomente zu schaffen. Momente, in denen die Zeit stillzustehen scheint. Für das Erleben eines solch magischen, unvergesslichen Erlebnisses bietet sich die Piazza Cavour im Stadtteil Prati an. Der saubere Platz, fraglos einer der schönsten der Stadt, liegt nahe der gut besuchten Engelsburg. Umso erstaunlicher ist es, dass sich hierher kaum Touristen verirren. Die gepflegte Parkanlage lädt mit ihren Sitzbänken zum Entschleunigen und Entspannen ein. Beim Anblick der haushohen Palmen fühlt man sich beinahe nach Südfrankreich versetzt. Ist es Nizza, Antibes oder doch Rom? Das grüne Wohnzimmer der Stadt wurde 1895 bis 1911 angelegt. Dominiert wird der herrliche Platz im Gründerzeitviertel von dem monumentalen Justizpalast (Palazzo di Giustizia, 1888–1910). Wegen seiner ausladenden, üppigen Architektur nennen die Römer das Gebäude Palazzaccio, was frei übersetzt so viel wie „hässlicher protziger Palast" bedeutet. Camillo Benso von Cavour (1810–1861), erster Ministerpräsident Italiens, betrachtet als imposante Statue von der Mitte des Platzes aus wohlwollend das entspannte Treiben des eleganten Ortes. Ein weiteres optisches Highlight ist die sehr speziell gestaltete Waldenserkirche (Tempio Valdese di Roma) mit ihren beiden Kirchtürmen, 1911 bis 1913 erbaut. Besondere Aufmerksamkeit verdienen die kostbaren Glasfenster und der Innenraum des Gotteshauses, ganz im Stil des Art Nouveau gestaltet. Und weil der Platz einfach so schön ist, verweilt man hier gerne etwas länger und genießt den Moment, wenn die Straßenlaternen angeschaltet werden und auf den Platz eine völlig andere Stimmung zaubern. Wieder ein magischer Moment, der einfach nur glücklich macht!

TIPP

Die nahe Eisdiele Gelati Gelati (Via Cicerone 20) offeriert sehr leckeres Eis zu erschwinglichen Preisen.

● Piazza Cavour, 00193 Rom
● ÖPNV: Metro A, Bus 492, Station Lepanto

Kirchenkuppel mit Auge

20

Pantheon an der Piazza della Rotonda

Wer das unscheinbare Bauwerk an der Piazza Rotonda, das Pantheon, von außen betrachtet, versteht kaum, warum es sich hier um eines der berühmtesten architektonischen Meisterwerke der Welt handeln soll. Betritt man das Gebäude, kommt man zunächst in eine große Vorhalle mit hohen Granitsäulen. Durch eine sechs Meter hohe, bronzene Eingangstür gelangt man dann ins Innere des imposanten Gebäudes der römischen Antike. Und hier verschlägt es einem schlichtweg die Sprache! Der kolossale Innenraum mit seiner perfekt proportionierten Kuppel, der Rotonda, ist wirklich eine beeindruckende bauliche Meisterleistung – und das aus einer Epoche, als noch keine Berechnungen per Computer möglich waren! Den jetzigen Bau gab Kaiser Hadrian 119 n. Chr. in Auftrag. Fünf Jahre dauerte es, bis das gewaltige Kuppelmonument fertiggestellt war. Nachdem das Bauwerk lange für heidnische Kultriten genutzt wurde, beendete Papst Bonifaz IV. diesen „Frevel" und wandelte den ehemaligen Tempel in eine christliche Kirche um. Samstags und sonntags werden unter der riesigen Kuppel (größer als die des Petersdoms!) feierliche Messen zelebriert. Wer Zeit hat, sollte sich das Ereignis, das tatsächlich unter die Haut geht – auch wegen der hervorragenden Akustik – nicht entgehen lassen. In wohl keinem anderen Gotteshaus verzaubert und rührt das Orgelspiel beinahe zu Tränen! Doch warum übt dieses prachtvolle Wunderwerk eine solch überwältigende Wirkung auf seine Besucher aus? Es ist die einzigartige magische Architektur der selbst tragenden Kuppel, beruhend auf einem ausgeklügelten Zahlenspiel: So beträgt der Durchmesser der 24 Meter hohen Kuppel 43,20 Meter, die Wände sind mit einer Höhe von 43,20 Metern identisch. In der Mitte der Kuppel befindet sich eine neun Meter große Öffnung, oculus (lat. Auge) genannt. Durch sie fällt das Tageslicht und taucht das Innere des Kuppelbaus in mystisches Licht. Einfallende Sonnenstrahlen verstärken diese einmalige Wirkung – ein Ort der Harmonie und absoluten Vollkommenheit. Eben absolut magisch – welch ein Glück, das erleben zu dürfen!

TIPP

Im stilvollen Geschäft Sciunnach (Piazza della Minerva) findet man u. a. eine große Auswahl schöner Krawatten.

- Pantheon, Piazza della Rotonda, 00186 Rom
- ÖPNV: Bus 30, 63, 64, 85, 87, Station Argentina

Einfach köstlich und gut

21

Forno Campo de' Fiori

Zugegeben, Pizzen sind in Rom an fast allen Ecken und Enden zu bekommen. Zahllose Trattorien, Bäckereien oder kleine Imbissläden offerieren sie, denn längst hat die „to-go"-Bewegung auch in Rom Fuß gefasst. Doch die kleine Bäckerei Forno Campo de' Fiori am gleichnamigen quirligen Platz bietet seit über 30 Jahren Pizzen, Panini, Sandwiches, süße Gebäckspezialitäten und verschiedenste Brote an, die geschmacklich ihresgleichen suchen. Die Pizzen werden als rund zwei Meter lange Stücke zubereitet und in ganz unterschiedlichen Geschmacksrichtungen den hungrigen Gästen serviert. Der Kunde gibt mit zwei Zeigefingern an, wie groß sein Pizzastück sein soll, das anschließend abgewogen und bezahlt wird. Diese Maßnahme wirkt dem Wegwerfen von Lebensmitteln erfolgreich entgegen – so einfach kann es gehen! Während der Mittagszeit kann sich vor dem kleinen Geschäft eine Warteschlange bilden. Das soll aber nicht von dem Besuch abhalten, denn das Personal arbeitet schnell, routiniert und ist stressige Situationen gewöhnt. Belegt sind die Pizzen mit ein bis drei ausgewählten Zutaten, frei nach dem Motto: weniger ist mehr, quasi italienisches slow-food aus der Bäckerei. So wundert es nicht, dass gerade bei Einheimischen die Pizza Bianca sehr beliebt ist, die in ihrer Einfachheit kaum mehr zu übertreffen ist: Pizzabrot mit einer sagenhaft gut schmeckenden Kruste, bestehend aus Mehl, grobem Meersalz, Hefe, Wasser und feinstem Olivenöl im Feuerofen gebacken, ein kleines Stück vom großen Pizza-Himmel! Oder die Pizza mit hauchdünn geschnittenen Zucchini-Scheiben und bestem Mozzarella belegt – wunderbar! Während des römischen Faschings bietet die Bäckerei eine Spezialität an, „Castagnaccio", ein Blechkuchen, zubereitet aus Kastanienmehl, Pinienkernen und Rosinen. Beste Handwerkskunst, Leidenschaft und großes Können zeichnen diese Bäckerei aus. Daraus entsteht purer Gaumengenuss, der glücklich, satt und zufrieden macht – perfetto!

TIPP

Im Lokal Sora Margherita (Piazza delle Cinque Scole 30) gibt es gute römische Küche. www.soramargherita.com

● Forno Campo de' Fiori, Campo de'Fiori 22, 00186 Rom, Tel. (00 39) (06) 68 80 66 62
www.fornocampodefiori.com

● ÖPNV: Tram 8, Bus 40, 46, 62, 64, 116, 492, Station Argentina

Forno
Campo dé Fiori
dal 1880

Ich fühl' mich so froh

22

Das Goethehaus in der Via del Corso

Der Dichterfürst Johann Wolfgang von Goethe war während seiner ersten Italienreise inkognito als „Filippo Miller, pittore" unterwegs. Als er in Rom ankam, nahm er gleich Kontakt zu seinem Freund, dem Maler Johann Heinrich Wilhelm Tischbein, auf, der hier wohnte. Am 30.10.1786 zog Goethe in die Künstler-Wohngemeinschaft Tischbeins ein, die sich im ersten Stock des Hauses in der Via del Corso 18 mit Blick auf den belebten Corso befand. „Ich bin endlich in der Hauptstadt der Welt angelangt", schreibt er überglücklich im ersten Band seiner Italienischen Reise. Der Dichterfürst war fasziniert von dem leichteren Lebensgefühl im Süden, der Geselligkeit der Römer und der freieren Lebensweise. „Oh wie fühl' ich in Rom mich so froh!" Zusammen mit seinem Freund Tischbein eroberte er die Stadt und besuchte mindestens drei Sehenswürdigkeiten pro Tag. Oft gingen die Freunde mit anderen deutschen Künstlern essen und frönten ausgiebig dem süßen Wein – mit bekannten Folgen! Kurzum, Goethe genoss das römische „dolce vita" mit allen Sinnen, regelmäßige Damenbesuche inklusive! Heute ist die Dichterwohnung im ersten Stock ein Goethe-Museum. Obwohl keine originalen Einrichtungsgegenstände gezeigt werden, ist man dem Meister nahe. Dafür sorgt eine Dauerausstellung, die sich ausführlich mit seinem Aufenthalt in Rom beschäftigt. Zu sehen ist auch eine Kopie des bekanntesten Ölbildes Tischbeins, „Goethe in der Campagna" (1787). Es zeigt den Dichter in voller Größe, lässig vor römischen Ruinen sitzend. Das Original hängt übrigens im Frankfurter Städel. Unterschiedliche Veranstaltungen, wie Wechselausstellungen, Lesungen und Vorträge, machen aus der Casa di Goethe auch heute noch das, was es immer war: ein lebendiger kultureller Treffpunkt ganz unterschiedlicher Menschen, ein deutsch-italienischer Kulturaustausch – den Dichterfürsten hätte es von Herzen gefreut. Ein wundervoller Ort, nicht nur für Goethe-Fans!

TIPP

In der Casa Museo Giorgio De Chirico (Piazza di Spagna 31) sind über 70 seiner Werke zu bewundern. www.fondazionedechirico.org

● Casa di Goethe, Via del Corso 18, 00186 Rom, Tel. (00 39) (06) 32 65 04 12
www.casadigoethe.it
● ÖPNV: Metro A, Station Flaminio

Hüllenlos auf der Piazza

23 Der Najaden-Brunnen nahe dem Hauptbahnhof

Anfang des 19. Jahrhunderts wurde Rom von einem Skandal erschüttert. Der 1901 mitten auf der heute verkehrsreichen Piazza della Repubblica eingeweihte kreisrunde Najaden-Brunnen erhitzte die Gemüter vieler Römer. Denn das mehrstöckige Werk des italienischen Bildhauers und Bronzegießers Mario Rutelli (1859–1941) zeigt u. a. vier Wassernymphen, mit dem Wasser spielend und sich des Lebens erfreuend, und zwar in „lasziven Posen" und „vulgärer Nacktheit". Diese sich „fast schon wollüstig" im Wasser räkelnden erotischen Najaden missfielen nicht nur den frommen Obrigkeiten der Stadt, auch die Stadträte empörten sich und wollten die Figuren wieder entfernen lassen. Zum Glück passierte das nicht, und so kann man heute in die geheimnisvolle Welt der Fabelwesen, Meerestiere, Wasserkreaturen und Naturgeister eintauchen, ohne – wie diese – nass zu werden. Die vier Mädchen in Bronze, deren Freizügigkeit heute natürlich niemanden mehr aufregt, symbolisieren die vier Arten des Elementes Wasser und flirten mit den Fabelkreaturen, die ihnen ihr Schöpfer zugeordnet hat: Der Ozean wird dargestellt durch ein wildes (See)Pferd, der See durch einen schönen Schwan, das unterirdische Gewässer durch einen grimmigen Drachen und eine Wasserschlange versinnbildlicht den Fluss. Damit das neckische Geplänkel der verführerisch glänzenden Wassernymphen nicht wieder für Ärger sorgt, wacht inmitten des Brunnens die imposante Statue des griechischen Meeresgottes Glaukos (Symbol für den über die widrigen Naturkräfte siegenden Menschen) seit 1912 über das nie endend wollende Wasserspiel. Besonders zauberhaft präsentiert sich die Brunnenanlage am Abend, wenn die Figuren im wahrsten Sinne des Wortes immer wieder in ein anderes Licht getaucht werden. Es macht glücklich, diesen faszinierenden Wechsel von Licht und Schatten zu bestaunen. Man darf Teil dieser spielerischen Leichtigkeit sein und etwas davon vielleicht mitnehmen.

TIPP

Bei Johnny Gallo (Piazza della Repubblica 66) genießt man leckere Burger zu fairen Preisen.

- Fontana delle Naiadi, Piazza della Repubblica, 00185 Rom
- ÖPNV: Metro A, Station Repubblica; oder 5 Minuten Fußweg vom Hauptbahnhof

Kleinod fernab des Trubels

24 Basilica dei Santi Cosma e Damiano

Unglaublich, magisch, einmalig! Wenn ein Gebäude sich mit derartig eitlen Attributen ziert, muss es schon ein ganz besonders schönes sein. In Rom mit seinen zahlreichen, wundervollen Sehenswürdigkeiten ein nicht ganz einfaches Unterfangen. Die Kirche dei Santi Cosma e Damiano, eines von über 320 Gotteshäusern allein im Zentrum der Stadt, schafft diese schwierige Aufgabe mit Leichtigkeit. Die meisten Touristen hasten zum nahen Forum Romanum – und an diesem wunderbaren Kleinod vorbei, anstatt hier anzuhalten und es zu besuchen. Unendlich schade, denn man verpasst wahre Kunstwerke: z. B. den kostbaren Altar aus Alabaster, ein Geschenk von Papst Gregor dem Großen. Oder die prächtige Kassettendecke aus dem Jahr 1632 in der Unterkirche. Vor allem aber entgeht den Eiligen das große, überaus farbenprächtige Mosaik um 530 in der Apsis, eines der bedeutendsten Kunstwerke der Stadt aus frühchristlicher Zeit. Zu sehen sind u. a. die beiden Namensgeber der Kirche, die Heiligen Kosmas und Damian. Die Brüder arbeiteten im 4. oder 5. Jahrhundert als Ärzte und heilten ihre Patienten ohne Bezahlung, so erzählt es die Legende. Das Apsis-Mosaik zeigt in der Mitte Christus, der aus einem überirdisch schönen Himmelsblau zur Erde herabschwebt. Begleitet wird er von den beiden Kirchenpatronen. Kosmas hält eine rote Arzttasche mit Kreuz. Wer etwas Zeit mitbringt, nimmt Platz auf einer der Holzbänke im Inneren des Gotteshauses, das pure Lebensfreude des üppigen, verschwenderischen Barocks ausstrahlt. In dem schönen Apsis-Mosaik und in der opulenten Barockausstattung gibt es unzählige Details zu entdecken. Wer nicht mit den Augen auf Entdeckungsreise gehen möchte, genießt einfach die Ruhe, die diese herrschaftliche Basilica ausstrahlt. Loslassen, auftanken, genießen – die einmalige Atmosphäre des Gotteshauses fließt auf seine Betrachter über. Eine Ruhepause der ganz besonderen Art, bei der die Zeit für einen kurzen Moment stehenzubleiben scheint – ja, das muss Magie sein!

TIPP

Beim Kreuzgang kann eine zauberhafte Krippenlandschaft (18. Jahrhundert) aus Neapel besichtigt werden.

- Basilica dei Santi Cosma e Damiano, Via del Fori Imperiali 1, 00186 Rom
- ÖPNV: Metro B, Bus 75, Station Colosseo

Tea for two

25 Der Teesalon Babington's

Zwei englische junge Damen aus guter Familie, Isabel Cargill und Anna Maria Babington, reisten Ende des 19. Jahrhunderts nach Rom. Die eine, weil sie kurz vor der Hochzeit sitzengelassen wurde, die andere, weil sie ihre Freundin trösten wollte. Die beiden ließen sich von Rom und seinen Sehenswürdigkeiten verzaubern, genossen Sonne und Wärme. Einziger Wermutstropfen: Sie fanden in der Stadt des Caffè keinen Ort, an dem die englische Tradition des „Five-o-Clock-tea" in gepflegtem Ambiente zelebriert wurde. Um diesen Missstand zu beheben, investierten die beiden ihr Erspartes, 100 Pfund, und eröffneten 1893 hauptsächlich für die in Rom lebende angelsächsische Gesellschaft, einen Tee- und Lesesalon, die Teestube von Babington. Bereits ein Jahr nach ihrer Eröffnung bezog man die jetzigen größeren Räumlichkeiten zu Füßen der Spanischen Treppe. Der Salon avancierte innerhalb kürzester Zeit zum beliebten Treffpunkt von Aristokraten, Künstlern und internationalem Jetset. Für die Schauspielerin Audrey Hepburn wurde speziell ein Schokoladenkuchen kreiert. Wer heute den Teesalon betritt, fühlt sich in ein anderes Jahrhundert versetzt: Nach England zu Zeiten Königin Viktorias. Dunkles Holz, lila Sitzpolster, silberne Teekannen, die typischen Tischsets aus Stroh und das berühmte türkisgrüne Geschirr – das alles in ruhiger, fast schon intim wirkender Wohnzimmer-Atmosphäre – einfach wunderbar! Die Bedienungen sind in Schwarz mit weißem Schürzchen gekleidet. Serviert werden u. a. hauseigene Teemischungen. Die sitzende schwarze Katze, Logo des Teesalons, existierte tatsächlich: In den 1950er- Jahren döste eine streunende Katze tagsüber stets auf den Kissen der Teestube vor sich hin. Wegen ihrer weißen Fellflecken im Gesicht nannte man sie „Mascherino". Die beiden Gründerinnen blicken als Portraits zufrieden von den Wänden ihres Teesalons. In dem großen Wohnzimmer wird alles so gemacht, wie es immer war. Ein wundervoller Ort, um stilvoll die Zeit auf sehr angenehme Weise verstreichen zu lassen.

TIPP

Auf der Piazza di Spagna auf Tasche, Foto und Geldbeutel aufpassen – Langfinger trotz Polizeipräsenz.

● Sala da Té Babington's, Piazza di Spagna 23–25, 00187 Rom, Tel. (00 39) (06) 6 78 60 27, www.babingtons.com
● ÖPNV: Metro A, Station Spagna

BABINGTON'S
TEA
ROOMS
EST. 1893
25
BABINGTONS
TEA ROOM & CAFE'
Babingtons
TASTY & TRADITIONAL
Breakfast / Baked cakes
Coffees and Hot Chocolate
HEALTHY & GOOD
Luncheons
Fresh Juices
Salads and snacks
TASTY & DELICIOUS
Ice creams
WWW.BABINGTONS.COM

Heiß, rund und lecker

26 I Supplì im Stadtteil Trastevere

Ein beliebter römischer Fast-Food-Imbiss ist der kleine, wirklich sehr unscheinbare Laden „I Supplì", in dem fast nur Einheimische zu finden sind, ein sicheres Indiz für leckeres Essen! Supplì – der Name ist hier Programm. Diese Köstlichkeit aus dem Latium besteht aus frittierten Reisbällchen, die man als Vorspeise eines Menüs genießt. Speziell in Rom gönnt man sich Supplì gerne auch mal zwischendurch. Es braucht keinen bestimmten Anlass für den Genuss, außer man möchte sich etwas Gutes tun. Supplì gibt es in zahllosen Variationen. Der Klassiker besteht aus Risotto-Reis, der mit Fleischragù gegart wurde. Dieser Brei wird dann in ovale Formen gerollt und in die Mitte ein Stück zarter Mozzarella gegeben. Dann taucht man das Ganze in Ei, wälzt es – ähnlich wie bei einem Wiener Schnitzel – in Paniermehl und gibt es in die heiße Fritteuse. So entsteht die appetitliche, fast goldglänzende, verführerisch knusprige Panade. Gegessen wird die Delikatesse – völlig unkompliziert – mit den Fingern. Doch Achtung! Da Supplì warm genossen werden, ist der Mozzarella im Inneren noch ziemlich heiß. Der Imbiss I Supplì besteht bereits seit 1979, hochwertige Zutaten zu verwenden zahlt sich eben aus. Hier wird nicht – wie bei manch anderen Supplì-Imbissen – gefrorene Ware aufgetaut – das wäre purer Frevel, ein Affront des Kochs seinen Gästen gegenüber! Die ausgezeichnete Qualität des verwendeten Mozzarellas merkt man übrigens an den Fäden, die beim Abbeißen entstehen. Da sie an Telefonkabel erinnern, nennen die Römer ihre Spezialität auch „Supplì al telefono". Wenn man den Imbiss während der mittäglichen Stoßzeiten besucht, kann sich vor dem Lokal bereits eine Warteschlange gebildet haben. Sicheres Zeichen dafür, dass wahre Köstlichkeiten aus der Fritteuse kommen. Ja, hier gibt es die besten Supplì Roms, bestätigen viele der hier wartenden Einheimischen. Dank des befriedigenden Gefühls, in Sachen Essen alles richtig gemacht zu haben, steigt die Vorfreude auf die Supplì noch mehr.

TIPP
Die Basilica di San Crisogono (Piazza Sonnino 44) beherbergt sehenswerte frühchristliche Ausgrabungen.

- I Supplì, Via di San Francesco a Ripa 137, 00153 Rom, Tel. (00 39) (06) 5 89 71 10
www.suppliroma.it
- ÖPNV: Tram 8, Station Trastevere

Supplì

Geheimnisvoll goldglänzend

27

Die Kirche Santa Maria in Trastevere

Die vermutlich älteste und auch eine der schönsten Marienkirchen Roms ist die Kirche Santa Maria in Trastevere. Der Sakralbau liegt an der schönen Piazza Santa Maria – im Sommer beliebte Freiluftbühne für zahlreiche Straßenkünstler. Ausgestattet mit zahlreichen Informationen über die Historie des Gotteshauses betritt man die Kirche und weiß, dass sie wahrscheinlich der erste Ort in Rom war, an dem Christen öffentlich ihren Glauben zelebrieren konnten. Papst Innozenz II. ließ den Bau der jetzigen Marienkirche auf den Grundmauern der frühchristlichen Basilika erbauen und durch einen Campanile ergänzen. Auch ist bekannt, dass die prächtigen Mosaike in der Apsis um 1140 geschaffen wurden. Sie zeigen Christus, Maria und die Heiligen in festlich schimmernder Kleidung. Darunter erzählt der Künstler Pietro Cavallini (Ende des 13. Jhs.) mit seinen Mosaiken Szenen aus dem Leben der Jungfrau Maria. So weit, so gut! Man kann die Kirche aber auch ohne diese Vorkenntnisse einfach nur wegen ihrer unbeschreiblich schönen Mosaiken besuchen, geheimnisvoll und goldglänzend, deren filigran gearbeitete Menschendarstellungen ihresgleichen suchen. Steinchen an Steinchen wurden mit höchster Präzision perfekt aneinandergereiht. Und zwar mit einer derart handwerklichen Raffinesse, dass der Betrachter das Gefühl hat, die Figuren könnten jeden Moment lebendig werden und zu ihm herabsteigen. Wer etwas Zeit mitbringt, setzt sich auf eine der Kirchenbänke im linken Querhaus oder im Mittelschiff (beste Sicht auf die Apsis) und lässt die hochkarätigen Kunstwerke in aller Ruhe auf sich wirken. Diese beinahe meditativen Momente können der inneren Einkehr dienen und hilfreich sein, zur Ruhe zu kommen. Beim Hinausgehen wartet noch ein künstlerisches Highlight, die goldenen Mosaiken an der Außenfassade mit der Jungfrau Maria und zehn weiblichen Heiligen. Besonders festlich schimmern diese Kunstwerke, wenn sie abends angestrahlt werden. So etwas Schönes erlebt man nicht jeden Tag!

TIPP

Traditionelle römische Küche im Ristorante La Canonica. www.lacanonicaristorante.it

- Kirche Santa Maria in Trastevere, Piazza Santa Maria, 00153 Rom
www.santamariaintrastevere.it
- ÖPNV: Bus 280, Station Lungotevere Raffaello Sanzio

Ein Brunnen für den Dichter

28

Ponte Sisto an der Piazza Trilussa

Eigentlich schmückte der Ponte Sisto Brunnen (1613) den Brückenkopf der nahegelegenen, gleichnamigen Brücke, die über den Tiber führt und heute Fußgängerzone ist. Nachdem ein verheerendes Hochwasser den Brunnen zerstört hatte, errichtete man ihn 1879 vorsichtshalber ein Stück weit entfernt vom Tiber erneut – an der Piazza Trilussa am anderen Ende der Brücke, im Viertel Trastevere. Das erklärt auch, warum das nur kläglich Wasser spendende große Monument auf dem kleinen Platz etwas überdimensioniert wirkt. Der Brunnen ist beliebter Treffpunkt für viele Einheimische und Touristen. Wobei kein Römer sagen würde: Treffen wir uns am Ponte Sisto-Brunnen, sondern einfach nur: Wir sehen uns am Trilussa-Brunnen. Damit gedenkt man des römischen Dichters Trilussa (1871–1950), der seine Gedichte im breiten römischen Slang verfasste. Wer tagsüber zum Trilussa-Brunnen kommt, findet auf den 15 Brunnenstufen meist Einheimische, die entweder die Sonne und/oder den Ausblick auf den Tiber genießen, Zeitung lesen oder miteinander plaudern sowie spielende Kinder. Im Unterschied zur Spanischen Treppe darf man auf diesen Stufen sitzen! Auch Touristen finden sich ein, die hier eine erholsame Pause vom Sightseeing und Selfies machen einlegen. Mitgebrachte Stärkung wird hier verzehrt, die meist aus den Imbissen und umliegenden Minimarkets stammt. Wenn es Nacht wird in Trastevere und der Stadtteil zum Leben erwacht, füllt sich auch der Platz am Trilussa-Brunnen. Jetzt gehört er den Künstlern oder denen, die es werden wollen. Er wird zur großen Bühne, die Brunnenstufen zu Zuschauerreihen. Versucht hier ein Minnesänger mit zarter Stimme und leiser Gitarre das Publikum für sich zu gewinnen, haben es dort die Straßenmusiker leichter, die, nicht nur auf ihre Spiel- und Sangeskunst vertrauend, einen riesigen Verstärker mitgebracht haben, der den kompletten Platz beschallt. Ein Schauspieler zitiert Gedichte von Trilussa und erntet viel Beifall. Jeden Abend ein wechselndes spontanes Programm ohne Eintritt – welches Theater bietet das schon!

TIPP

Wer sich für Trilussa interessiert, besucht das Museo di Roma (Piazza San Pantaleo 10).

- Ponte Sisto, Piazza Trilussa, 00153 Rom
- ÖPNV: Bus 40, 64, 170, Station Argentina

PAVLVS V PONT MAX
AQVAM MVNIFICENTIA SVA
IN SVMMVM IANICVLVM PERDVCTAM
CITRA TIBERIM TOTIVS VRBIS VSVI
ANNO DOMINI MDCXIII

Im Schlaraffenland

29 Il Mercato Centrale Roma im Hauptbahnhof

Praktischerweise liegt das römische Schlaraffenland, der Mercato Centrale, im Hauptbahnhof Termini und ist von 7 Uhr bis 24 Uhr geöffnet. So kann man gleich nach der Ankunft oder – etwas wehmütiger – vor der Abreise römische Spezialitäten genießen und/oder den Lieben daheim ein regionales, leckeres Mitbringsel kaufen. Für ankommende Gäste ist der Besuch der Markthalle ein gelungener Einstieg in den Urlaub und gibt einen Vorgeschmack (im wahrsten Sinn des Wortes) auf das, was den Besucher lukullisch in der ewigen Stadt erwartet. In einer riesigen Halle verführen 18 Stände mit köstlichem Streetfood. Im ersten Stock lädt das Restaurant eines Sternekochs diejenigen ein, die etwas mehr Zeit (und auch einen größeren Geldbeutel) mitbringen. Kennzeichen der Markthalle ist die „Cappa Mazzoniana", eine zehn Meter hohe, fünfzehn Meter lange und vier Meter breite Dunstabzugshaube, die in den 1930er-Jahren von dem renommierten Architekten Angiolo Mazzoni aus grauem Marmor entworfen wurde. Sie ist nicht zu übersehen! Neben der Vielzahl unterschiedlichster Köstlichkeiten ist das verführerische Potpourri mannigfaltigster Düfte faszinierend. Wirklich ein Paradies für alle Sinne! Die Gerichte werden frisch zubereitet und ansprechend dekoriert serviert – Letzteres in Rom eine Selbstverständlichkeit. Ein Bummel durch die historische Markthalle ist wie ein Ausflug in die legendäre römisch-italienische Küche: beispielsweise die knusprigen Brotsorten vom Stand „Il pane e la pasticceria", die Trüffelspezialitäten vom Stand „Il Tartufo", die Artischocken und Pilze vom Stand „I Carciofi e i funghi", die nach alten Hausrezepten handgefertigte Pasta vom Stand „La Pasta fresca" oder die Käsespezialitäten (auch saisonale!) vom Stand „Il Formaggio". Wer möchte, kann sich mit den Marktleuten auch über die Herstellung ihrer Produkte unterhalten – kostenloses Probe-Schnabulieren erwünscht – und erfährt so viel Interessantes über die einmalige römische Esskultur!

TIPP
Vom Hauptbahnhof starten die Leonardo-Express-Züge und die Pendelbusse zum Flughafen Fiumicino.

- Mercato Centrale Roma, Via Giolitti 36 im Stazione Roma Termini, Piazza dei Cinquecento 1, 00185 Rom
www.mercatocentrale.com
- ÖPNV: Diverse Busse und Metros, Station Termini

ocktail BAR
Golden Coconut
Blue Hawaii
Italian samba
Cosmochambord
Fresh Summer
Boulevardier
The green lady
i magnifici
2,50€
CENTRALE

Lecker günstig

30 Imbiss Er buchetto nahe dem Hauptbahnhof

Wer in der ewigen Stadt essen möchte, wird feststellen: Rom ist kein preisgünstiges Pflaster. Umso erfreulicher ist es, wenn man versteckte Oasen für kleine Budgets kennt. Das Er buchetto ist ein solch empfehlenswerter Ort, seit 1890 zentral nahe dem Hauptbahnhof Termini zu finden. Im römischen Dialekt wird dieser Imbiss kurz „il buco" genannt, was man mit „kleinem Raum" übersetzen kann. Und der Name ist Programm. Denn hier ist es wirklich klein. Das charmante Ambiente hat sich seit Jahrzehnten nicht verändert: Um drei abgewetzte Holztische stehen ein paar urige Holzhocker, die man nicht gerade als bequem bezeichnen kann. Um das geht es hier aber nicht. Man kommt hierher, um die unbeschreiblich leckere Spezialität des Hauses, das Porchetta alla romana (Schweinebraten auf römische Art) in einem Panini zu genießen. Hauptakteur des Ladens ist eine Glasvitrine, in dem ein Teil eines – Vegetarier müssen jetzt ganz tapfer sein – Spanferkels ruht. Porchetta heißt übersetzt so viel wie „Schweinchen" und ist ein typisches Gericht in Mittelitalien. In der römischen Küche wird der Schweinerollbraten nicht nur als Hauptgericht genossen, sondern gerne auch als Streetfood angeboten. Man vermutet, dass das ursprüngliche Rezept aus Ariccia stammt, einem kleinen Städtchen nahe Rom. Porchetta alla romana ist ein über dem Holzfeuer gegrilltes Spanferkel. Sein Bauch wird u. a. mit reichlich Salz, Pfeffer und etlichen Gewürzen wie Fenchel, Rosmarin und Knoblauch gefüllt. Das Rezept für die genaue Zusammensetzung und Mischung der Gewürze ist im Er buchetto natürlich streng gehütetes Geheimnis. Für den Verzehr werden Scheiben abgeschnitten und in die „rosette", ein großes römisches Sandwich, gegeben. Serviert wird die römische Köstlichkeit – umweltfreundlich und unkompliziert – auf einem Stück Wachspapier. Dazu ein Glas Roten oder Weißen, der direkt aus einem Zapfhahn in der Wand ins Glas fließt. Ein Stück authentische Stadtkultur und einfach nur lecker! Doch Vorsicht – es besteht Wiederholungsgefahr!

- Er buchetto, Via del Viminale 2 f, 00184 Rom, Tel. (00 39) (03 29) 9 65 21 75
- ÖPNV: Station Termini, 5 Minuten Fußweg

Bester Kaffee der Stadt

31 Bar Sant'Eustachio il Caffè nahe Pantheon

Über Geschmack lässt sich bekanntlich nicht streiten. Das gilt auch für den Kaffee, der in der Bar Sant'Eustachio täglich unzählige Feinschmecker beglückt. Viele Römer behaupten, er sei einfach der beste der Stadt. Und das will in der italienischen Kaffee-Hochburg etwas heißen! Das 1938 gegründete kleine Caffè, nur einen Wimpernschlag vom Pantheon entfernt, logiert stilvoll im ehrwürdigen Palazzo Cenci Maccarani aus dem Jahr 1500. Ihren Namen erhielt die bei den Einheimischen sehr beliebte Bar von der über 1000 Jahre alten Basilika Sant'Eustachio in unmittelbarer Nähe. Ein weißer Hirschkopf mit einem Kreuz innerhalb seines Geweihs ziert die Spitze des Gotteshauses und dient als Firmenlogo für das Caffè. Seit 1999 herrschen die Brüder Raimondo und Roberto Ricci über das duftende Kaffee-Paradies. Hier wird der Rohkaffee noch – ganz traditionell – langsam über dem Holzfeuer geröstet. Durch diesen schonenden Prozess entsteht der unverwechselbare weiche Geschmack. Für die Zubereitung des begehrten Muntermachers, der – je nach Kaffeeart – in den typischen gelben Tässchen oder gelben Tassen serviert wird, kommen nur 100 Prozent Arabica-Bohnen von höchster Güte zum Einsatz. Raimondo Ricci sucht die biologisch angebauten Bohnen in Südamerika selbst aus, wobei er sehr viel Wert auf Fairtrade-Erzeugnisse aus kleineren Genossenschaften legt. Neben dem ausgezeichneten, feinen, hocharomatischen Geschmack zeichnet den begehrten schwarzen Glücksmacher der geringe Koffeingehalt von nur 1,18 Prozent aus. So enthält beispielsweise ein Espresso lediglich 40 Milligramm Koffein. Man genießt den kleinen Schwarzen traditionell im Stehen am Bartresen. Die charmante, gelb dominierte Einrichtung samt Hirschkopf-Mosaik am Eingang ist noch original erhalten und trägt erheblich zur herrlichen Verweilatmosphäre bei, die in der winzigen Bar herrscht. Der Heilige Eustachio von nebenan scheint gut auf das duftende Kleinod aufzupassen. Ob auch er begeisterter Kaffeeliebhaber war, ist allerdings nicht bekannt.

TIPP

Leckeres Frühstück und Zwischenmahlzeiten im kleinen Lokal Ginger (Piazza di Sant'Eustachio 54).

- Bar S. Eustachio, Piazza di Sant'Eustachio 82, 00186 Rom, Tel (00 39) (06) 68 80 20 48, www.santeustachioilcaffe.it
- ÖPNV: Bus 30, 40, 62, 64, 70, 81, 87, 186, 492, Tram 8, Station Argentina

Faszinierende Zeitreise

32 Largo di Torre Argentina in Pigna

Als im Jahr 1909 die römische Altstadt unter städtebaulichen Aspekten neu geordnet werden sollte, konnte man nicht erahnen, auf welch einmaligen Schatz man stoßen würde. Während der Aushubarbeiten für neue Gebäude entdeckte man antike Reste aus der Römischen Republik. Nun folgten langwierige, mit äußerster Vorsicht durchgeführte Ausgrabungen. Die Mühe wurde belohnt, denn wie sich nach eingehenden Untersuchungen herausstellen sollte, handelte es sich bei dem Areal um den Heiligen Bezirk, die Area Sacra mit vier Tempeln. Einst standen die Heiligtümer auf dem Campus Martius (Marsfeld), ein circa 250 Hektar großes Areal, das dem römischen Kriegsgott Mars geweiht war. Dass dieser geschichtsträchtige Platz heute nicht besichtigt werden kann, tut keinen Abbruch. Denn der Heilige Bezirk liegt unterhalb des heutigen Straßenniveaus und kann daher von allen Seiten wirklich gut eingesehen und ausgiebig bestaunt werden. Das ist aus mehreren Gründen sehr angenehm: Zum einen spart man teures Eintrittsgeld, das beispielsweise beim Forum Romanum, einer der anderen Ausgrabungsstätten Roms, verlangt wird. Zum andern kann man sich bei seiner persönlichen Entdeckungsreise durch das alte Rom so viel Zeit lassen, wie man möchte – und zwar ohne drängelnde Touristen, die die Sicht versperren! Der heutige Largo Argentina hat sich zu einem belebten Verkehrsknotenpunkt entwickelt. Neben vielen Geschäften findet man hier ein Traditionstheater und einen historischen Zeitungskiosk – ehrfurchtsvoll um die antiken Ausgrabungen gereiht. Das Spiel mit der Reise durch die Jahrtausende macht Spaß: Betrachtet man die historische Ausgrabungsstätte, befindet man sich etwa im 1.–3. Jahrhundert vor Christus. Kurz umgedreht, und die Gegenwart, das 21. Jahrhundert, hat einen wieder. Eine ebenso spannende wie interessante Zeitreise in unglaublichem Tempo. Faszinierend, unterhaltsam und abwechslungsreich – zur Nachahmung unbedingt empfohlen!

TIPP

Eine Vorstellung im traditionsreichen Teatro Argentina (Largo di Torre Argentina 52) ist ein unvergessliches Erlebnis.

● Largo di Torre Argentina 52, 00186 Rom
www.sovraintendenzaroma.it
● ÖPNV: Tram 8, Bus H, Station Arenula/Cairoli; Bus 30, 628, 81, Station Largo Argentina

In Art-Déco bummeln

33 Galleria Alberto Sordi an der Piazza Colonna

Rom verfügt als Großstadt selbstverständlich über etliche Einkaufsgalerien. Doch keine ist so charmant und schön wie die Galleria Alberto Sordi. Das nicht besonders große Einkaufsparadies liegt an der bekannten Via del Corso, einfach nur Corso genannt, und an der Piazza Colonna mit der markanten dorischen Marc-Aurel-Säule. In dem feudalen Palazzo Chigi gegenüber der Galerie befindet sich übrigens seit 1961 der Amtssitz des italienischen Ministerpräsidenten. Bereits das Äußere der Einkaufsgalerie bietet einen imposanten Anblick. Der Entwurf für den beeindruckenden Bau stammt von dem Architekten Dario Carbone aus dem Jahr 1908. Obwohl noch nicht fertiggestellt, wurde der Einkaufstempel am 20. Oktober 1922 feierlich eröffnet. Bis 2003 hieß die Concept-Mall Galleria Colonna. Dann wurde sie nach dem 2003 verstorbenen, in Italien sehr beliebten Schauspieler Alberto Sordi benannt. Auch im Inneren präsentiert sich das elegante Einkaufszentrum überaus prächtig in herrlicher Art-Déco-Architektur! Großzügige Glasdächer mit eingearbeiteten Jugendstilelementen schützen vor Unbilden der Witterung. Die Schaufenster der Geschäfte sind von Säulen und Stuck-verzierungen üppig eingerahmt. Edle, glänzende Holzverkleidungen zieren die rund 17 Meter hohen Wände. Die Böden wurden mit schönen Mosaikarbeiten ansprechend gestaltet. Kurzum, ein Besuch des Einkaufszentrums lohnt sich auch für Einkaufsmuffel allein schon wegen des beeindruckend schönen Ambientes. Und für einen Espresso in einem der Cafés ist sicherlich Zeit! Allen Einkaufswilligen sei verraten: Wer hier einkaufen möchte, sollte besser über einen gut gefüllten Geldbeutel verfügen. Die kleinen Boutiquen mit Designermode locken zwar mit zauberhaft dekorierten Schaufenstern, aber die Preise sind meistens gesalzen. Dennoch gibt es auch günstigere Geschäfte. Was immer geht: ein Buch aus der Buchhandlung Feltrinelli als schöne Erinnerung an einen gelungenen Ausflug in ein kleines architektonisches Paradies!

TIPP

Im nahen kleinen Restaurant Pane e Salame (Via di Santa Maria in Via 19) gibt es leckere Paninis.

- Galleria Alberto Sordi, Piazza Colonna, 00187 Rom
- ÖPNV: Metro A, Station Barberini; Bus 71, 175, 492, 62, Station Largo Chigi; Bus 65, Station Piazza Venezia; Tram 8, Station Venezia

Auf ins Paradies

34 Kirche Sant'Ignazio di Loyola nahe Pantheon

Wer einen atemberaubend schönen Blick direkt in den Himmel genießen möchte, sollte unbedingt dem Gotteshaus Sant'Ignazio di Loyola, einem der größten Roms, einen Besuch abstatten. Das Kleinod liegt an der kleinen Piazza Sant'Ignazio zwischen dem nahen Pantheon und der Via del Corso versteckt. Herrliche, farbenprächtige Rokoko-Fassaden rahmen diesen Platz malerisch ein. Die überaus prächtige, barock ausgestattete Jesuitenkirche ist nach Il Gisu die zweite in Rom, die zu Ehren des Gründers der „Societas Jesu" (1540 gegründeter Jesuitenorden) Ignatius von Loyola erbaut wurde. Als Bauherr konnte der geniale Jesuit, Mathematiker, Architekt und Astronom Orazio Grassi gewonnen werden, ein Meister der perspektivischen Scheinarchitektur. Für die Malerei war der nicht minder geniale Maler Andrea Pozzo zuständig. Was die beiden hier mit ihren illusionistischen Deckenfresken an perfekt realisierten Täuschungsmanövern bieten, verblüfft bis heute! Um sich dem fantastischen Schein des prachtvollen, vermeintlich dreidimensionalen Deckengemäldes voll und ganz hingeben zu können, muss man sich auf die Marmorplatte im Langhaus stellen. Von hier aus kann die virtuelle Reise in den Himmel beginnen, bei der einem beinahe schwindelig wird. Farbenprächtig, mit Gold verziert und fast schon kitschig wird der Einzug des Heiligen Ignatius in das Paradies dargestellt. Tuffige Wolkengebilde tummeln sich am nach oben nicht enden wollenden Himmel. Engel kommunizieren spielerisch und mit verblüffender Leichtigkeit mit dem Betrachter aus schwindelnder Höhe. Auch in der riesigen Barockkuppel, geschaffen von Pozzo, verliert sich der Blick in die Unendlichkeit. Ebenfalls ein unwahrscheinlich beeindruckendes Meisterwerk der Trompe-l'oeil-Kunst! Verändert man allerdings seinen Standpunkt, fliegt der ganze Schwindel auf – auch die Kuppel ist nicht wirklich dreidimensional, sondern „nur" zweidimensionale Malerei. Das ganze Leben ist eben eine Frage der Perspektive.

TIPP

In der Nähe lädt seit 1906 das Brauhaus L'Antica Birreria Peroni (Via di San Marcello 19) ein.

● Kirche Sant'Ignazio, Via del Caravita 8 a, 00186 Rom
● ÖPNV: Metro A, Station Barberini, Soagna; Metro B, Station Colosseo, Carvou; Tram 8, Bus C3, 62, 63, 116, 160, 492, 630, 850, Station Argentina

Süßes für das Königshaus

35

Confetteria Moriondo e Gariglio

In unmittelbarer Nähe zum berühmten Hotspot der Stadt, dem viel besuchten Pantheon, befindet sich ein weniger bekanntes Highlight der ganz anderen Art, die Confetteria Moriondo e Gariglio. Das süße Paradies für Schleckermäuler ist ein Muss für all jene Genießer, die beste Qualität und handwerkliches Können auf höchstem Niveau zu schätzen wissen. Das Geschäft wurde in Turin im Jahr 1850 von zwei Cousins, obsessiven Schokoladeliebhabern, gegründet. Die hervorragende Qualität der in eigener Manufaktur produzierten Süßigkeiten war derart gut, dass man sogar das Königshaus von Savoyen beliefern durfte. Nach dem Umzug in die Landeshauptstadt dauerte der Erfolg an – bis heute. Auch der berühmte Dichter Trilussa fand lobende Worte für die süßen Verführungen. Wer die Eingangstür zu dem etwas versteckt liegenden Juwel sucht, braucht keine Adresse. Sie ist einfach zu finden: Immer den verlockenden Aromen von Schokolade und Kakao folgen. Dann geht es in das himmlische Paradies. Das ganze Geschäft wirkt wie die Inszenierung eines historischen Theaterstückes. Die Wände sind in einem warmen Rotton gestrichen. Dazu harmoniert perfekt das schwarze Holz der Schauvitrinen, in denen – hinter Glas „gesichert" – die köstlichen Pralinen und Bonbons ruhen. Die ebenso freundlichen wie hilfsbereiten Bedienungen tragen – charmant old-fashioned – rote Kittelschürzen und weiße Häubchen mit Haarschutz. Nachdem man sich ausgiebig umgesehen und die einmalige Atmosphäre mit allen Sinnen aufgesogen hat, folgt der schwierigste Teil des Besuches – die Auswahl. Wer die Wahl hat, quält sich oft – das gilt auch hier. Allein rund 80 Bonbonsorten – da ist der Besucher häufig überfordert! In solchen Fällen ist das Fachpersonal zur Stelle und berät geduldig – kostenloses Probieren natürlich inklusive. „Man weiß selten, was Glück ist", stellte die französische Schriftstellerin Françoise Sagan fest. Wer diesen Laden verlässt, weiß, was Glück ist!

TIPP

Der riesige Marmorfuß (Via Piè di Marmo) stammt aus einem ehemaligen ägyptischen Tempel.

● Confetteria Moriondo e Gariglio, Via di Pie' di Marmo 21–22, 00186 Rom
www.moriondoegariglio.com
● ÖPNV: Bus 40, 46, 62, 63, 64, 70, 81, 87, 116, 119, 492, 628, Tram 8, Station Piazza Venezia

Schutzengel für Rom

36

Ponte Sant'Angelo vor der Engelsburg

Engel geleiten üblicherweise in den Himmel. In Rom jedoch geleiten sie die Besucher über die Engelsbrücke zur kreisrunden Engelsburg (Castel Sant' Angelo) und natürlich auch wieder zurück. Zehn Vertreter der himmlischen Zunft schmücken die von 130 bis 134 n. Chr. aus Travertin gefertigte, über den Tiber führende Bogenbrücke, die 135 Meter lange Engelsbrücke. Diese Himmelswächter stehen in stiller Kommunikation mit dem monumentalen Erzengel Michael aus Bronze, der von der Spitze der Engelsburg seit 1752 an das Ende der Pest im Jahr 590 erinnert. Der bis zu diesem Jahr die Burgspitze zierende, marmorne Erzengel Michael steht heute im Innenhof des eindrucksvollen Bauwerks. Und genau dieses überirdische Wesen gab der Brücke, die in der Antike als schönste Brücke der Welt galt, ihren Namen. Nicht, wie viele vermuten, die Engelsburg! Doch zurück zur Gegenwart. Die Brückenengel wurden – wie vieles in Rom – von dem absolut genialen Bildhauer Gian Lorenzo Bernini (1598–1680) entworfen. Zwei von ihnen fertigte er selbst, die restlichen acht Statuen sind Werke seiner Schüler – natürlich unter strenger Aufsicht des Meisters. Jeder der Gottesboten trägt ein Symbol des Leidensweges der Passionsgeschichte, wie Lanze, Kreuz oder Dornenkranz. Wer sich für die Engelsschar etwas Zeit nimmt, ist zutiefst beeindruckt von der meisterlichen, filigranen Ausarbeitung der Himmelswächter. Die in zahlreiche Falten gelegten Gewänder umwehen sanft ihre zarten Körper und verleihen den Statuen eine Leichtigkeit – grandios! Viele Römer haben sich auf der Brücke ihren „eigenen" Engel auserkoren, den man regelmäßig besucht, der die Familie beschützt und zuverlässiger Helfer in der Not ist. Welch bezaubernde Vorstellung! Wer sich auch seinen „persönlichen" Beschützer aussuchen möchte, sollte die Brücke entweder am frühen Morgen oder abends besuchen. Morgens hat man die Engel noch für sich. Abends wird die Brücke wundervoll angestrahlt und verzaubert die feinfühligen, überirdischen Wesen durch mystisches Licht. Dem Himmel sei Dank für so viel Schönheit und Anmut!

TIPP

Vom Tiberufer bietet sich für Fotografen eine besonders schöne Perspektive auf Engelsbrücke und Engelsburg.

- Ponte Sant'Angelo, Lungotevere Castello 50, 00193 Rom
- ÖPNV: Metro A, Station Lepanto; Bus 23, 62, 271, 280, 982, Station Piazza Pia; Tram 19 Station Risorgimento/S. Pietro, rund 10 Minuten Fußweg

Schwarz, süß und stark

37 La Casa del Caffè antigua Tazza d'Oro

Kaum eine andere Großstadt zeichnet sich durch derart viele Kaffeebars aus wie Rom. Da fällt die Auswahl natürlich nicht besonders leicht. Aber keine Bange – egal für welche Bar man sich entscheidet: In Rom einen schlechten Kaffee zu trinken, ist quasi unmöglich! Wo man den besten Kaffee findet – auf diese Frage gibt es keine klare Antwort, denn jeder Römer hat seine persönliche Lieblings-Kaffeebar, auf die er nichts kommen lässt – und zwar gar nichts! Für den Espresso gilt eine einfache Regel: Schwarz, süß und stark muss er sein! Eine der festen, unverrückbaren Adressen für exzellenten Kaffee ist La casa del Caffè antigua Tazza d'Oro, nur wenige Schritte vom berühmten Pantheon entfernt. Die typische Espressobar mit leicht antiquiertem Ambiente kommt ohne Schickimicki aus. Sitzgelegenheiten oder gar Tische sucht man hier – wie in fast jeder Kaffeebar in Rom – vergeblich. Das Geschäft wurde 1944 gegründet und ist bis heute eine Institution. Entsprechend gut wird sie besucht und entsprechend lautstark geht es hier zu – römisch eben! Ein Stimmengewirr schwebt durch den kleinen Raum, das Mahlwerk mahlt laut und unverdrossen frische Bohnen zu Pulver. Kaffeesatz wird vehement aus dem Einsatz in ein Auffangfach für Kaffeepulver geklopft, um für neuen Inhalt Platz zu machen. Kleine Löffel klirren erwartungsvoll auf den am Bartresen bereitgestellten Kaffeeuntersetzern. Und die schmucke große Kaffeemaschine – eigentliches Zentrum der Bar – verrichtet laut zischend und widerspruchslos ihre Arbeit, nämlich traumhaft guten Kaffee in die dickwandigen, kleinen Tassen fließen zu lassen. Den ganzen Raum durchströmt der Duft von frisch gemahlenem Kaffee. Und tatsächlich – im hinteren Bereich des Raumes wird frisch gemahlen. Allein dem lebensfrohen Treiben in der Bar und der Zubereitung des Kaffees zuzuschauen ist ein unvergessliches und beeindruckendes Erlebnis, das nur noch vom Geschmack des schwarzen Lebenselixiers getoppt wird!

TIPP

Mitbringsel für die Lieben zu Hause: ein Päckchen frisch gemahlener Kaffee.

- La Casa del Caffè antigua Tazza d'Oro, Via degli Orfani 84, 00186 Rom www.tazzadorocoffeeshop.com
- ÖPNV: Bus 51, 85, 87, 160, Station Argentina bzw. Corso; Tram 8, Station Argentina

BAR
TAZZA D'ORO
BAR - TABACCHI
TABACCHI
VAL. BOLLATI

Zu Fuß über den Tiber

38

Ponte Sisto von Via Giulia nach Trastevere

In Rom führen zahlreiche Brücken über den Tiber und seine Zuflüsse. Einige davon sind berühmt wie die zauberhafte Engelsbrücke, einige sehr alt wie die 62 v. Chr. erbaute Ponte Fabricio, andere hingegen geleiten noch nicht lang über den Fluss, wie die 1980 eingeweihte Ponte Pietro Nenni. Ein absolutes Kleinod unter den Brücken der Stadt ist die Ponte Sisto. Die steinerne, über 100 Meter lange, rund 20 Meter breite Brücke wurde 1473 bis 1479 erbaut. Sie verbindet die Via Giulia mit der Piazza Trilussa in Trastevere. Das architektonische Juwel präsentiert sich stolz im schmucken Renaissance-Stil. Die weite Öffnung über den vier Bögen ist kein dekoratives Element, sondern sorgt bei Hochwasser für vermehrten Wasserabfluss. Erfreulicherweise ist die Brücke Fußgängerzone und eignet sich daher hervorragend für eine kurze Rast. Von hier aus lässt sich gut das sommerliche Treiben am Ufer beobachten. Die kleinen Bars und Restaurants unter der Brücke sind meistens gut besucht – wen wundert's bei der einzigartigen Lage direkt am Tiber! Man kann aber auch einfach nur das glitzernde Spiel des Wassers betrachten. Faszinierend, wie es ohne Anfang und Ende dahinfließt. „Panta rhei" (alles fließt) stellte schon der griechische Philosoph Heraklit fest. Eine hervorragende Methode, um zu innerer Ruhe zu kommen und die eigenen Gedanken zu ordnen. Beinahe unwirklich schön wirkt die Brücke abends, wenn sie angestrahlt wird. Dann sieht sie absolut fantastisch aus. Ein idealer Ort, um ein kleines Picknick zu veranstalten. Getränke und Sandwiches für das abendliche Event bekommt man in den zahlreichen Bars oder kleinen Supermärkten rings um die Piazza Trilussa. Wer nach diesem herrlichen Abend auf der romantischen Brücke noch Lust auf mehr verspürt, kann sich unter das feiernde Partyvolk am Ufer mischen. Oder einfach auf der zauberhaften Ponte Sisto bleiben und den Sternenhimmel genießen – Sternschnuppen inklusive!

TIPP

Die Cocktailbar Freni e Frizioni (Via del Politeama 4) eignet sich hervorragend für einen Aperitivo.

- Ponte Sisto, 00153 Rom
- ÖPNV: Bus 62, 63, Tram 8, Station Arenula; Bus 492, Station Rinascimento

Madonna, beschütze mich!

39

Madonnella, Piazza Rotonda beim Pantheon

Die hübsche Piazza Rotonda lädt sofort mit drei Sehenswürdigkeiten ein. Zwei davon sind sehr bekannt, die andere überhaupt nicht. Zu den beiden berühmten gehört ein mächtiges Gebäude mit Säulenvorhalle, das Pantheon. Dieser Rundbau mit gigantischer Kuppel zählt nach dem Colosseum zum besterhaltenen Bauwerk des antiken Roms. Die zweite bekannte Sehenswürdigkeit auf der Piazza liegt direkt vor dem Pantheon: Der schöne Brunnen Fontana del Pantheon, von den Römern „Fontana do Piazza della Rotonda" genannt. Dank des in der Brunnenmitte aufgestellten, circa 6,50 Meter hohen ägyptischen Obelisken, dem Obelisco Macuteo, ist das Meisterwerk nicht zu verfehlen. So weit, so gut! Wer abseits der üblichen Touristenströme den Platz in aller Ruhe betrachtet, entdeckt an einem Palazzo (Nr. 4), rechts vom Pantheon, ein wundervolles Madonnenbild mit zauberhafter Ausstrahlung. Für Rom nichts Ungewöhnliches, denn heute schmücken noch immer über 500 dieser religiösen Bilder viele Außenwände von Gebäuden oder Häuserecken. „Madonnelle" (kleine Madonnen) nennen die Römer liebevoll diese Straßentabernakel. Die überlebensgroße Madonna an der Piazza scheint aus den himmlischen Wolken, hell von der Sonne beleuchtet, auf die Erde zu den Menschen zu schweben. Das rote, lange Kleid und der blaue Umhang kleiden sie ausgesprochen gut und verleihen ihr Würde. Ihr hübsches, zartes Gesicht blickt gütig auf die eiligen Passanten, die unter ihr vorüberhasten und nicht wissen oder es einfach ignorieren, dass die Madonnella auch sie, gestresste Erdenbürger, beschützt. Man eilt durch den Tag und findet keine Zeit, den Blick mal nach oben zur himmlischen Erscheinung zu richten. Nur einige – meist ältere – Römerinnen bleiben kurz stehen, verharren eine Zeitlang, um mit der Madonna ein stilles Zwiegespräch zu führen, um sie für Gesundheit und Schutz der Familie zu bitten. Nach dem Bekreuzigen geht es weiter mit dem glücklichen Gefühl, den Schutz der Heiligen bis zum nächsten Mal genießen zu dürfen.

TIPP

Im Erdgeschoss des Palazzo, der Antica Salumeria (Piazza della Rotonda 4), hängt der Himmel voller Schinken!

- Madonnella, Piazza della Rotonda 4, 00186 Rom
- ÖPNV: Bus 52, 53, 63, 83, 160 Station S. Claudio; Bus 63, 492, Station Corso/Minghetti, Station Argentina

TOTA PVLCHRA ES
AMICA MEA
ET MACVLA NON EST
IN TE
CANT: IV

Bloß nicht vorbeigehen!

40 Ristorante La Campana nahe der Piazza Navona

Von außen präsentiert sich das Restaurant „La Campana“ nahe der Piazza Navona derart unscheinbar, dass man fast vorbeigehen würde. Aber dieses Lokal ist nicht irgendein x-beliebiger römischer Gourmettempel, sondern mit über 500 Jahren die älteste Gaststätte der Stadt. Pietro de la Campana gründete das Restaurant in der Vicolo della Campana im Jahr 1518. Ob der Nachname des Wirtes oder der Name der Straße Namensgeber des Lokals waren, weiß man nicht. Das tut auch nichts zur Sache und ändert nichts an der Tatsache, dass sich hier über die Jahrhunderte hinweg Berühmtheiten quer durch alle Kunstgattungen trafen, um zu plaudern und dabei vortrefflich zu dinieren. Wie der Maler Caravaggio, Picasso, Goethe, Federico Fellini, die Callas und die Schauspielerin Anna Magnani, um nur einige zu nennen. Das Ambiente ist klassisch: weiße Tischdecken über einfachen schwarzen Holztischen. Die Küche offeriert italienische Klassiker wie die köstliche Lasagne, die bei den zahlreichen Stammgästen sehr beliebt ist. Highlight jedoch sind die traditionellen Gerichte der echten Cucina Romana ohne großes Chichi. Hierzu zählen u. a. die Minestra d'arzilla (Suppe vom Rochen), Cicoria Ripassata (gekochte, gebratene Zichorienblätter), Coda alla Vaccinara (Schmorgericht mit Ochsenschwanz) oder köstliche Carciofi alla Giuda, frittierte Artischocken, nach einem alten Rezept aus dem ehemaligen jüdischen Ghettoviertel der Stadt. Als Nachspeise sind die in Rotwein gekochten Birnen oder der legendäre Apfelkuchen klare Empfehlungen! Was das Restaurant über die leckere, traditionelle römische Küche hinaus auszeichnet, sind das angenehme Ambiente und die aufmerksamen Kellner. Allein die Tatsache, dass hier viele Einheimische einkehren, spricht für sich! Ein lukullisches Stück aus dem römischen Ess-Paradies – ein Traum für alle, die authentisch wie die Römer genießen wollen. Glück hat, wer in diesem Restaurant einen Tisch bekommt. Daher unbedingt vorher reservieren!

TIPP

Klein, aber fein präsentiert sich die schmucke Piazza Nicosia mit ihrem hübschen Renaissance-Brunnen.

- Ristorante La Campana, Vicolo della Campana 18–20, 00186 Rom, Tel. (00 39) (06) 6 87 52 73
- ÖPNV: Metro A, Bus 85, 87, Station Spagna, rund 900 Meter Fußweg

la CAMPANA
LUNEDI
RIPOSO SETTIMANALE
BANCOMAT
MICHELIN 2010
MICHELIN 2011
MICHELIN 2012
MICHELIN 2013
FAVE SFUSE
RECAPITO
347-1098632
335-395443
148-8816394

Summm-herum in Rom

41

Der Bienen-Brunnen

Wer aufmerksam durch Rom schlendert, bemerkt, dass sich in der Altstadt unzählige Bienen tummeln. Sie sind u. a. aus Marmor, Silber oder Gold, und natürlich gibt es auch lebendige Exemplare. Die Antwort auf die Frage, warum diese fleißigen Tierchen so zahlreich vertreten sind, gibt die Familie Barberini. An diesem einflussreichen Clan kommt man in Rom auch heute nicht vorbei. Man denke nur an die Piazza Barberini, den Palazzo Barberini (Familiensitz) oder die Metro-Station Barberini. Diesem ursprünglich aus der Toskana stammenden und außerordentlich vermögenden Adelsgeschlecht gelang es sogar, einen Papst zu stellen. Im Jahr 1623 wurde aus dem mächtigen Vertreter des weit verzweigten Familienclans, Maffeo Barberini, Papst Urban VIII (1568–1644). Obwohl der Kirchenmann ungeniert Vetternwirtschaft im großen Stil praktizierte, ließ er sich für sein Wappen, im krassen Gegensatz zu seinem Lebensstil, etwas Schlichtes, Einfaches einfallen: drei Bienen, die jeweils Fleiß, Arbeitseifer und Ordnung symbolisieren. Auch an dem kleinen, entzückenden Bienenbrunnen am Beginn der Via Veneto sind Bienen zu finden. Der Bildhauer Bernini schuf 1644 dieses Werk, das – entgegen seiner sonstigen Gepflogenheiten – nahezu schlicht und schnörkellos erscheint. Aber vielleicht ist es genau diese beeindruckende Einfachheit, die tief berührt und aus dem Brunnen ein verspieltes Kleinod macht. Gestaltet wurde der romantische Brunnen in Form einer großen geöffneten Jakobsmuschel. Die drei angebrachten Bienen machen ihrem Namen alle Ehre und arbeiten bienenfleißig, damit das Brunnenbecken – eine ehemalige Pferdetränke – stets mit frischem Wasser gefüllt ist. Vielleicht will der geniale Bildhauer Bernini die Bewunderer des Brunnens auch darauf hinweisen, dass das Glück oft nicht in den üppig verzierten opulenten Werken, sondern in der Schlichtheit der kleinen Dinge liegt. Man muss sich nur die Mühe machen, genau hinzuschauen.

TIPP

Besonders zauberhaft sieht der kleine Brunnen am Abend, in künstliches Licht gehüllt, aus.

- Fontana delle Api, Via Vittorio Veneto 13, 00185 Rom
- ÖPNV: Metro A, Bus 590, Station Barberini

VRBANVS VIII PONTIFEX·MAXIMVS
FONTI·AD·PVBLICVM·VRBIS·ORNAMENTVM
EXSTRVCTO
SINGVLORVM·VSIBVS·SEORSIM·COMMODITATE·HAC
CONSVLVIT
ANNO·MDCXLIV·PONT·XXI

Speisen im Art-Déco-Look

42 Restaurant Liòn nahe dem Pantheon

Herzlich willkommen in den 1920er-Jahren! Hier, im extravaganten Restaurant Liòn zwischen dem Pantheon und der Piazza Navona, könnten einige Szenen des berühmten Films „Der große Gatsby" gedreht worden sein, der in den Zwanzigerjahren spielt. Der fabelhafte, 2018 eröffnete Ort mit seiner einmaligen Architektur ist ein empfehlenswertes Eldorado für Liebhaber der Art-Déco-Kunst. Zugegeben nicht original, aber perfekt imitiert und gekonnt mit modernen Stilelementen kombiniert. Dieses ansprechende „Universum der Materialien, Farben und Formen", wie die Architektin Daniela Colli ihr Werk und das ihrer Kollegen treffend beschreibt, muss man einfach lieben. Beim Anblick dieses gelungenen Mix aus Alt und Neu – integriert auf zwei Etagen eines historischen Gebäudes – geht einem das Herz auf. Das sah die Jury des Design Award genauso und zeichnete das Liòn 2019 aus. Die erlebenswerte Zeitreise in die Welt des Art-Déco beginnt bereits am Eingang. Der Schriftzug über Tür und Fenster, das goldene Regal, alles im typischen Design der 1920er-Jahre. Die Farben der Inneneinrichtung sind genauso gewagt wie knallig. Rote Samtsessel und coole Sofas in Petrol leisten schwarz-goldenen Tischchen Gesellschaft. Dunkelblaue Wände und Mosaiksäulen stehen im perfekten Kontrast zu den goldenen Metallelementen im Stil der Zwanzigerjahre. Bei aller Begeisterung für die Gestaltung des Art-Déco-Refugiums darf nicht unerwähnt bleiben, dass man hier auch vorzüglich speisen kann. Ein junger, ambitionierter Koch zaubert mediterran beeinflusste Gerichte, gerne mit Fisch, fantasievoll dekoriert – ein lukullischer Hochgenuss! Dazu konvenierende Weine – die Auswahl ist groß! Absolutes Herzstück des Restaurants aber ist die extravagante Cocktailbar. Neben Klassikern, gerne auch neu interpretiert, stehen hier ausschließlich für das Liòn kreierte Cocktails auf der Karte. Alles in allem ein wundervoll entspannter Ort im eleganten, stilvollen Art-Déco-Ambiente, egal ob für einen Drink oder ein Essen.

TIPP

An der „sprechenden Stein-Statue" auf der Piazza di Pasquino äußerte man früher anonym seine Meinung.

- Restaurant und Bar Liòn, Largo della Sapienza 1, 00186 Rom, Tel. (00 39) (06) 81 15 70 70
- ÖPNV: Bus 62, 492, Station Piazza Navona

LIÒN

Lecker-Schmecker

43 Restaurant Miscellanea hinter dem Pantheon

Das kleine Restaurant, 1983 als Treffpunkt für in Rom lebende ausländische Studenten gegründet, bezeichnet sich zugleich als Pub, Vineria, Pizzeria und Hosteria. Das ist kein Größenwahn, sondern jeder dieser Titel trifft zu. Denn das gemütliche Lokal ist ein ungezwungener Mischmasch aus eben diesen Komponenten. Wer die äußerst humanen Preise auf der Speisekarte liest, glaubt erst einmal, seinen Augen nicht zu trauen. Schließlich befindet man sich in der historischen Altstadt, nur etwa 100 Meter vom Touristenhotspot Pantheon entfernt. Im Miscellanea geht es sehr leger zu. Die gemütliche Einrichtung ist einfach, aber zweckmäßig, die Wände sind über und über mit Bildern bedeckt. Das unangefochtene Reich des Wirtes Michelangelo befindet sich hinter der langen Bar, wo zahlreiche Weinflaschen auf durstige Gäste warten.

TIPP
Von hier aus bietet sich ein kurzer Verdauungsspaziergang zur stimmungsvollen Piazza della Rotonda an.

Wer einmal die leckeren Gerichte, großen Portionen und die gute, lockere Stimmung im Lokal erlebt hat, kommt gerne wieder. Die langen Holztische sind einfach mit Papiersets eingedeckt – hier dominieren die leckeren Speisen, kein opulenter Tischschmuck. Pizza und Pasta sind die Klassiker, die sich großer Beliebtheit erfreuen. Zu empfehlen sind u. a. die Pizza Miscellanea, mit Mozzarella, gekochtem Schinken, Oliven und Mais bunt belegt. Oder der köstliche vegetarische Klassiker, die Pizza Ortolana mit Zucchini, Aubergine, Peperoni, Mozzarella und Tomaten. Wem der Sinn nach leckerer Pasta steht, sollte Spaghetti al pomodoro fresco e basilico (mit frischen Tomaten und Basilikum) oder das römische Traditionsgericht, Spaghetti al cacio e pepe (mit Schafskäse und Pfeffer) probieren. Beides von den Zutaten her einfache Gerichte, die aber an Köstlichkeit kaum zu übertreffen sind. Stimmungsvolles Ambiente, gutes Preis-Leistungsverhältnis und nettes Personal, das gute Laune versprüht – das Miscellanea ist ein authentischer, gemütlicher Ort, an dem man sich einfach glücklich fühlt!

- Restaurant, Pub Miscellanea, Viale della Palombella 37, 00186 Rom, Tel. (00 39) (06) 68 13 53 18, www.miscellaneapub.com
- ÖPNV: Bus 40, 64, Station Largo Argentina

MISCELLANEA
MISCELLANEA
VINERIA
PIZZERIA
CUCINA
WELCOME

Was für eine Pracht!

44 Santa Maria Maggiore nahe dem Hauptbahnhof

Wer die Basilica Santa Maria Maggiore auf dem Hügel Esquilin nahe dem Hauptbahnhof besucht, darf sich auf reichlich üppige Pracht und überschwänglichen Prunk einstellen – sehr sogar! Denn dieses Gotteshaus zählt zu den wichtigsten der Stadt. Wertvolle Schnitzereien, bunte Mosaike, kunstvoll verzierte Säulen und kostbar geschmückte Seitenkapellen – hier wurde geklotzt, nicht gekleckert! Und das aus guten Gründen: Zum einen zählt sie zu den vier Papstkirchen und untersteht – obwohl nicht auf dem Gebiet des Vatikans liegend – der direkten Rechtsprechung des Papstes. Ferner ist das Gotteshaus eine der sieben Pilgerkirchen Roms, zu der auch der Petersdom zählt. Es ist die einzige in ganz Rom, in der täglich eine Messe zelebriert wird – und das seit dem 5. Jahrhundert! Der 1377 erbaute Glockenturm ist mit 75 Metern höchster Turm der Stadt. Und die Kirche ist die größte der rund 80 Marienkirchen. Daher trägt sie auch den stolzen Beinamen „maggiore". Seine Entstehung verdankt das Gotteshaus einer Legende. Der Patrizier Johannes und Papst Liberius träumten denselben Traum: Maria erschien den beiden und wies sie an, genau an der Stelle, an der am nächsten Morgen (5. August 352!) Schnee liegen würde, eine Kirche zu errichten. Im Inneren des Gotteshauses fällt sofort die beeindruckend schöne goldene Decke auf, eine Holzdecke, Ende des 15. Jahrhunderts mit der ersten Goldlieferung aus Amerika mit Gold überzogen. Die wunderschönen Mosaiken an der Apsis erzählen aus dem Leben Marias, die Mosaiken an den Seitenwänden widmen sich dem Alten Testament. Ein weiteres Highlight ist die festliche Freitreppe, die feierlich zur herrlichen Chorfassade geleitet. Man kann die Kirche im Rahmen einer Führung für sich entdecken. Aber man kann sich auch einfach auf einen der roten Stühle setzen und all die Pracht auf sich wirken lassen. Zumindest für kurze Zeit können sich die eigenen Sorgen und Probleme verringern. Ist es nicht wunderbar, dass man derart viel Schönes genießen darf?

TIPP

Jedes Jahr am 5. August „schneit" es beim Festa della Madonna della Neve weiße Blüten vom Kirchenhimmel.

- Kirche Santa Maria Maggiore, Piazza Santa Maria Maggiore 42, 00186 Rom
  www.vatican.va
- ÖPNV: Metro A und B, Station Termini

Steine erzählen Heldentaten

45

Die Trajansäule auf dem Trajansforum

Absolutes Highlight auf dem Trajansforum ist die Trajansäule (Colonna Traiana). In der Antike stand sie zwischen zwei Bibliotheken, eine für lateinische, die andere für griechische Literatur. Errichtet wurde die imposante Ehrensäule für den römischen Kaiser Trajan in den Jahren 112 und 113 n. Chr., zur Lobpreisung der Siege in den Dakerkriegen. Das Ende der vehementen militärischen Auseinandersetzungen zwischen den Dakern und den römischen Soldaten war die Einverleibung Dakiens (heutiges Rumänien) in das Römische Reich. Betrachtet man sich die weithin sichtbare, sehr beeindruckende Säule mit aufwendigen Verzierungen, wird man sofort neugierig. Was erzählen die rund 2500, etwa 60 bis 75 Zentimeter hohen menschlichen Figuren auf dem steinernen Reliefband, das sich spiralförmig um die Säule windet? Es ist eine Art antikes Instagram. Erzählt werden in 158, früher colorierten Bildern unterschiedliche Szenen aus den Feldzügen gegen die Daker. Alles wurde bis ins kleinste Detail kunstvoll in Marmor geschlagen – fantastisch! Klar, der Held in den dargestellten Geschichten ist natürlich Kaiser Trajan. Deshalb findet man ihn an der Säule 58mal abgebildet! Um sich nicht nur als harter Feldherr, sondern auch als „Mann des Volkes“ zu präsentieren, lernt man den Herrscher als Meister bei einer Opferzeremonie kennen. Man erlebt, wie römische Soldaten über eine Pontonbrücke die Donau überqueren oder ihre Lager aufbauen. Plünderung, Flucht von Frauen und Kindern – das wird mit eindrucksvollen Bildern – für jeden verständlich – erzählt. Wie waren die Soldaten damals gekleidet? Auch darüber gibt das antike Instagram Auskunft. Natürlich dürfen in dem steinernen Geschichtsbuch die Götter nicht fehlen, die die römischen Soldaten unterstützen. Wie Jupiter, der aus dem Himmel seine Blitze herabschleudert. Der visuelle Ausflug in einen wichtigen Teil der römischen Geschichte ist wirklich sehr beeindruckend, verdeutlicht aber unmissverständlich, was für ein Glück es ist, in Frieden leben zu dürfen!

TIPP

Um die Szenen im oberen Teil besser betrachten zu können, empfiehlt es sich, ein Fernglas mitzunehmen.

- Colonna Traiana, Via dei Fori Imperiali, 00186 Rom
- ÖPNV: Bus 40, 65, 75, 170, Station Cavour/Ricci

Besser die Wahrheit sagen

46

Bocca della Verità nahe dem Tiber

Manche Kinder in Rom haben es nicht leicht! Wenn die Eltern den Eindruck haben, ihre Sprösslinge nähmen es mit der Wahrheit nicht so genau, „drohen" sie ihnen mit einem Besuch bei dem Mund der Wahrheit (Bocca della Verità). Das zeigt (meistens) Wirkung, und in erstaunlicher Geschwindigkeit kommt man der Wahrheit ziemlich nahe. Denn der Mund der Wahrheit fungiert als eine Art Lügendetektor. Er besteht aus einer grauen Scheibe, gefertigt aus türkischem Marmor. Der Durchmesser beträgt etwa 1,75 Meter. Die rund 1300 Kilogramm schwere Scheibe ist knappe 20 Zentimeter dick. Die fünf Öffnungen auf ihrer Vorderseite ergeben ein Gesicht: zwei Augenöffnungen, zwei für die Nasenlöcher und eine größere Aussparung für den Mund. Rund 2000 Jahre ist die Scheibe alt, wobei sie erst seit 1632 als Relief an der linken Schmalseite der Säulenvorhalle der Kirche Santa Maria in Cosmedin zu sehen ist. Über die einstige Funktion der Marmorscheibe gibt es mehrere Theorien und wilde Gerüchte. Am wahrscheinlichsten ist die Annahme, dass das steinerne Gesicht mit dem eindringlichen Blick als Kanaldeckel verwendet wurde und durch Augen, Nasenlöcher und Mund Abwässer flossen. Auch welchen Gott genau die Scheibe darstellen soll, ist bis heute nicht geklärt. Im Mittelalter diente die Steinplatte der Wahrheitsfindung. Die dabei angewandte Methode war einfach: Der Delinquent, der beispielsweise des Diebstahls, Ehebruchs oder des Meineides beschuldigt wurde, musste seine Hand in den Steinmund legen. Schloss sich dieser nicht, hatte der Angeklagte die Wahrheit gesprochen und wurde nicht verurteilt. Allerdings kam es nicht selten vor, dass hinter dem stummen Gesicht ein Henker saß, um dem Beschuldigten die Hand abzuschlagen. Bis heute hält sich die Legende über den Mund der Wahrheit. Es ist also schon ein bisschen Mut notwendig, seine Hand in den allwissenden Steinmund zu legen. Ob er sich schließt, weil man in der letzten Woche geflunkert hat? Gottlob nein – der Mund der Wahrheit bleibt geöffnet. Nochmal Glück gehabt!

TIPP

Die Kirche Santa Maria in Cosmedin mit dem schönen siebenstöckigen Turm lohnt einen Besuch.

- Bocca della Verità, Piazza della Bocca della Verità, 00186 Rom
- ÖPNV: Bus 44, 83, 170, Station Bocca della Verità

Kekse, nichts als Kekse

47

Biscottificio Innocenti in Trastevere

Im Stadtteil Trastevere finden sich noch einige Lädchen aus jenen Zeiten, in denen der Stadtteil günstige Wohnadresse für einfache Handwerker und Arbeiter war. Wer durch das wunderschöne Viertel schlendert, entdeckt so manche familiengeführten Geschäfte, die eigene Produkte anbieten, gefertigt in guter, alter Handwerkstradition. Eines dieser kleinen Paradiese ist das rund 100 Jahre alte Biscottificio Innocenti, ein Keksgeschäft mit charmantem, nostalgischem Ambiente. Die Schaufensterfront verrät, worum es in dem Familienunternehmen geht: Kekse. Klingt nicht spektakulär, ist es aber! Gegründet wurde das Keksgeschäft in der ersten Hälfte des 20. Jahrhunderts vom Großvater der jetzigen Besitzerin, Stefania Innocenti. Der heutige Keksladen ist ein Werk ihrer Mutter. Die Dame bewies Weitsicht, als sie in den 1950er-Jahren einen großen Backofen kaufte, der für damalige Verhältnisse ein Vermögen kostete. Dieser Ofen arbeitet bis zum heutigen Tag präzise und bildet das absolute Kernstück des Ladens, das Zentrum. Sozusagen wie ein Familienmitglied, mit dem man jeden Tag gerne zusammenarbeitet und es daher liebevoll und mit viel Respekt behandelt. Die Mutter war es auch, die erkannte, dass man ausschließlich mit dem Verkauf von Keksen künftig nicht würde bestehen können. Das Sortiment wurde deshalb schrittweise um diverse Kuchenspezialitäten wie Apfelkuchen (legendär!), Ricotta- und Schokoladenkuchen erweitert. Die Tochter, die heute das Geschäft mit Engagement in dritter Generation erfolgreich führt, arbeitet nach wie vor auf Grundlage der überlieferten Hausrezepte. In dem herrlich duftenden Keksparadies werden alle Sinne bestens bedient: Die Augen erfreuen sich an den appetitlich angerichteten, liebevoll gearbeiteten kleinen Kunstwerken, die Nase liebt den herrlichen Duft nach frisch gebackenen Süßwaren, und die Ohren hören interessiert zu, wenn die Signora ihre verschiedenen Biscotti-Sorten erklärt. Ein lukullisches, rares Juwel, das einfach nur glücklich macht.

TIPP

Vom Keksladen kann man durch die romantischen Gässchen von Trastevere bis zum Tiber weiterbummeln.

- Biscottificio Innocenti, Via della Luce 21, 00153 Rom, Tel. (00 39) (06) 5 80 39 26
- ÖPNV: Bus 75, Station Sonnino/S. Gallicano

Ein Muss für Leseratten

48 Buchhandlung Fahrenheit 451 am Campo de' Fiori

Buchhandlungen üben für viele eine magische Anziehungskraft aus. Sie sind ein Ort der Entspannung und der Ruhe. Hier kann man den Alltag hinter sich lassen. Auch die Buchhandlung Fahrenheit 451 ist so ein wundervoller Ort der Geborgenheit, eine Wellness-Oase für die Seele, ein Ort des Glücks mit Gleichgesinnten und ein Treffpunkt für alle, die ihre Leidenschaft für Bücher ausleben möchten. Diese 1989 gegründete Institution für Bücherwürmer ist ein Stück vom lebenswerten alten Rom, das hoffentlich noch lange erhalten bleibt. Keine leichte Aufgabe, denn über 45 römische Buchhandlungen schlossen in den letzten Jahren für immer ihre Türen. Das Geheimnis der gern besuchten Adresse zahlreicher Buchliebhaber, darunter viele Stammleser, liegt sicherlich mit in dem exquisit ausgewählten, ganz speziellen Programmangebot. In dieser wunderschönen, heimeligen Atmosphäre kann man vor allem in Werken der Belletristik, Kultur, Psychologie, Politik sowie in farbenprächtigen Bänden zum Thema Film und Fotografie stöbern. Billig aufgemachte Reiseführer über Rom in möglichst vielen Sprachen sucht man hier vergeblich. Für schmalere Geldbeutel werden übrigens auch gebrauchte Bücher angeboten. Das Einmalige an dieser kleinen Buchhandlung ist die völlig entspannte Atmosphäre, die hier herrscht. Wer vom hektischen, lauten, von Touristen überlaufenen Campo de' Fiori die Buchhandlung betritt, befindet sich in einer anderen Welt voller Ruhe und Gelassenheit, was in den 1990er-Jahren auch berühmte Bücherwürmer wie Francis Ford Coppola, Nanni Moretti und Marco Ferreri zu schätzen wussten. Der Campo hat sein Gesicht sehr verändert – leider nicht zu seinem Vorteil –, die Buchhandlung hingegen ist sich immer treu geblieben. Hier trifft man sich gerne, tauscht sich untereinander aus, fachsimpelt über diverse Themen, versorgt sich mit passender Literatur und genießt das Verweilen. Kurzum, diese fast schon leicht melancholisch anmutende, authentische Oase ist mit ihrer ganz besonderen Stimmung ein richtiger Glücksfall für alle, die noch das gedruckte Wort zu schätzen wissen.

TIPP
Empfehlenswert: das Restaurant Campo de' Fiori in der ruhigeren Via della Corda 3.

- Libreria Fahrenheit 451, Campo de' Fiori 44, 00186 Rom
  www.libreriafahrenheit451.roma.com
- ÖPNV: Bus 40, 64, 70, Station Argentina

Libreria Fahrenheit
451

Elefant ohne Porzellanladen

49

Obelisco della Minerva nahe dem Pantheon

Auf der Piazza della Minerva, vor der Basilica Santa Maria sopra Minerva, steht ein etwas sonderbar anmutendes, ganz entzückendes Denkmal, das zum Schmunzeln anregt: Ein kleiner, pummeliger Elefant, der auf seinem Rücken einen Obelisken trägt. Den Obelisken entdeckte man im Garten des Klosters von Santa Maria sopra Minerva im Jahr 1665. Obwohl „nur" rund 5,50 Meter lang, sollte aus ihm ein Monument werden. Und zwar genau auf dem Platz vor der Kirche. Ein Ort der Weisheit und der Frömmigkeit, wie Papst Alexander VII. feststellte. Doch die schwierige Frage lautete: Wie kann man mit diesen Vorgaben und einem Obelisken einen derartigen Ort verschönern? Eine optisch ansprechende Antwort auf diese schwierige Frage konnte nur einer geben, der überaus erfolgreiche Bildhauer Gian Lorenzo Bernini, Superstar der römischen Kunstszene, der das Stadtbild Roms bereits mit etlichen berühmt gewordenen steinernen Werken verschönert hatte. Bernini ging sofort frisch ans Werk und begann, Studien über einen Elefanten zu entwerfen. Dabei ließ er sich von einem Holzschnitt aus einem 1499 erschienenen Roman von Francesco Colonna inspirieren. Das Bild zeigt einen Elefanten als Symbol der Weisheit und Frömmigkeit, der auf seinem Rücken einen Obelisken trägt. Mit der Ausarbeitung des Denkmals wurde 1667 der Bildhauer Ercole Ferrata, einer der besten Schüler Berninis, beauftragt. Da der Elefant auf jenem Platz aufgestellt wurde, auf dem einst der Tempel der Göttin Minerva stand, heißt er offiziell „Statua della Minerva". Die mit Sarkasmus nicht sparsamen Römer nannten den Dickhäuter wegen seiner nicht vorhandenen Größe spöttisch „il porcino della Minerva (das Schweinchen der Minerva). Doch diese Zeiten sind längst vorbei. Heute lieben sie ihren lustigen Dickhäuter, der ziemlich verschmitzt seine erstaunten Bewunderer anschaut. Dabei legt das Grautier mit seinem fröhlich schwingenden Rüssel eine Leichtigkeit an den Tag, die man einem Elefanten nie zutrauen würde. Herrlich unterhaltsam – gute Laune garantiert!

TIPP

Wunderbares Essen in gemütlicher Atmosphäre im Lokal Mimi e Cocò (Via del Governo Vecchio 72).

● Obelisco della Minerva, Piazza della Minerva, 00186 Rom
● ÖPNV: Tram 40, Bus 64, Station Argentina

Artischocken müssen sein!

50

Hostaria da Giggetto im Ghetto-Viertel

Artischocken sind ein unverzichtbarer Bestandteil der jüdischen Küche, denn sie sind koschere Lebensmittel. Erkundigt man sich nach einem Lokal, in dem es die vermutlich besten Artischocken der Stadt gibt, wird einem die Hostaria da Giggetto an der Porta d'Ottavia, die hier seit 1923 im Herzen des jüdischen Viertels existiert, empfohlen. „Specialità Romane" prangt in Leuchtbuchstaben über dem Eingang des gemütlichen einfachen Restaurants – nomen est omen! Artischocken werden hier auf zwei unterschiedliche Arten zubereitet: „Alla Romana" bedeutet, dass das Gemüse mit viel Olivenöl und zahlreichen frischen Kräutern geschmort wurde. Der am meisten bestellte Klassiker „alla giudia" sind Artischocken, in Olivenöl knusprig gebraten. Verwendet werden ausschließlich Artischocken vom Typ Romanesco, die aus verschiedenen Anbaugebieten an der Westküste Italiens stammen. Betritt man das Lokal, wird gleich klar, worum es hier geht: um Artischocken. Am Eingang sitzt ein Koch, der tagtäglich der Kulturpflanze jenen notwendigen Schliff verleiht, den sie für die optimale Weiterverarbeitung benötigt. In schwindelerregendem Tempo saust das Trincetto, ein Messer mit einer sehr dünnen Klinge, das normalerweise Schuster verwenden, um die Artischocke und putzt sie zurecht. Anschließend wird das königliche Gemüse in Öl etwa 15 Minuten frittiert. Den krönenden Abschluss bildet ein dreiminütiges Bad in sehr heißem Öl. Das beeindruckende Endergebnis, das auf den Teller gelangt, sieht fantastisch aus und erinnert an eine frisch erblühte Rose von Jericho. Fast zu schade, um es mit einem Messer zu zerstückeln – doch was muss, das muss! Natürlich kann man hier auch andere authentische römische Gerichte genießen, wie Rigatoni con la pajata, ein traditionelles Pastagericht, auf dessen Zubereitung sich nur noch wenige Lokale in Rom verstehen oder Coratella (Innereien) mit – und da sind sie wieder – natürlich Artischocken. Na dann, buon appetito!

TIPP

Hinter der Porta d'Ottavia befinden sich weniger bekannte, sehenswerte Ausgrabungen des antiken Roms.

- Restaurant Giggetto d'Ottavia, Via del Portico d'Ottavia 21 a–22, 00186 Rom www.giggetto.it
- ÖPNV: Bus 40, 64, 170, Station Piazza Venezia

Specialità Romane
SALE INTERNE
"GIGGETTO"
Fiori di zucchina

Ihr Kinderlein kommet

51

Museo del Presepio Tipologico Internationale

In Rom feiert man die Adventszeit und Weihnachten etwas anders als in Deutschland. Während man bei uns gerne Weihnachtsmärkte besucht, lieben es die Römer, sich mit großer Begeisterung Krippen anzuschauen. Rund 3000 werden während der Adventszeit aufgestellt, verteilt über die ganze Stadt. Die bekannteste und sicherlich imposanteste Krippe steht auf dem Petersplatz und ist mit ihren lebensgroßen, prächtigen Figuren ein Blickfang. Diejenigen, die nicht zur Weihnachtszeit die Stadt besuchen, müssen auf Krippen-Sightseeing nicht verzichten. Denn Rom hat seit 1967 ein abwechslungsreiches, empfehlenswertes Krippenmuseum. Das zauberhafte Kleinod befindet sich in drei Kellerräumen der frühchristlichen Kirche Santi Quirico e Giulitta nahe dem Forum Romanum. Gezeigt werden über 3000 (!) ganz unterschiedliche Krippen aus aller Herren Länder, aus unterschiedlichen Epochen und in unterschiedlichen Größen. Natürlich präsentiert sich jede Region Italiens mit regionalen Krippen. Die umfassende Sammlung enthält auch die berühmten, opulent verzierten, kunterbunten Krippen aus Neapel. Die kleine Zeitreise um die Welt ist schon deshalb erlebenswert, weil man diverse Interpretationen der Weihnacht kennenlernt und erfährt, wie sich andere Länder präsentieren. Eine sizilianische, kunstvoll gearbeitete Krippe aus dem 17. Jahrhundert beispielsweise bezaubert mit kostbarem Perlmutt. Die kleinste Krippe ist ausgesprochen platzsparend – sie passt in eine Walnussschalen-Hälfte! Bei der modernen Krippe ziehen Maria und Josef mit ihrem Gefolge in einen ausrangierten Röhrenfernseher ein. Für den Krippenbau wurden unterschiedliche Materialien verwendet wie Keramik, Pappmaché, Terrakotta und Holz. Aber auch ungewöhnliche Werkstoffe wie Marzipan, Maisblätter, Blech, Kupferdraht und Muscheln kamen zum Einsatz. Das Krippenmuseum, in dem alle Kulturen friedlich nebeneinander leben, ist ein heiterer Ort, den die meisten Besucher mit einem glücklichen Lächeln im Gesicht verlassen. Wunderbar!

TIPP

Vom Krippenmuseum aus lässt sich zu Fuß gut das nahe Forum Romanum erreichen.

- Museo del Presepio „Angelo Stefanucci", Via Tor de' Conti 23, 00184 Rom www.museopresepioroma.it
- ÖPNV: Bus 40, 64, 75, 170, Station Cavour/Ricci

Ein römischer Glücksfall

52

Piazza Navona nahe dem Pantheon

Die elegante Piazza Navona ist wahrlich ein Glücksfall für die Stadt! Der herrliche Platz mit seinem unwiderstehlichen Charme präsentiert sich in üppiger barocker Heiterkeit. Dieser einzigartigen Atmosphäre kann man sich einfach nicht entziehen. Die länglich-ovale Form stammt noch aus der Zeit von Kaiser Domitian (51–96), der hier eine riesige Sportarena für diverse Sportveranstaltungen errichten ließ, mit denen die Römer bespaßt wurden. Heute sind es unterschiedliche Straßenkünstler, die das Publikum mit Musik, Malerei oder anderen Kunstformen mehr oder weniger gut unterhalten. Von Dezember bis zum 6.Januar findet in diesem herrlichen barocken Rahmen ein bei den Römern beliebter romantischer Weihnachtsmarkt statt. Begeisterung lösen auch die drei historischen Brunnen des Platzes aus, die dank ihrer geschickten Architektur der Piazza eine absolut perfekte Ausgewogenheit verleihen. Unübersehbares Zentrum der Brunnenlandschaft ist der barocke Vierströmebrunnen (Fontana di Quatro Fiumi, 1648–1651), dessen imposante männliche Steinfiguren die Flüsse Donau, Ganges, Rio della Plata und Nil symbolisieren. Wer im Jahr 1574 den Neptunbrunnen (Fontana del Nettuno) am Nordende des Platzes besuchte, hatte Pech, denn er fand nur ein schlicht gehaltenes sternförmiges Brunnenbecken vor, nicht weiter sehenswert. Der theatralische Auftritt von Neptun, im Kampf mit einem gewaltigen Meeresungeheuer, einem riesigen Oktopus, flaniert von Pferden, Delfinen, Knaben und Nixen, ist erst seit 1873 zu bewundern. Auch der Maurenbrunnen (Fontana del Moro) ist ein Highlight. Am Platz steht noch ein weiterer architektonischer Glücksfall, die barocke, ganz zauberhafte Kirche Sant Agnese (1672). Neben all diesen beeindruckenden Sehenswürdigkeiten sind es die Menschen, die den Platz entscheidend mitprägen. Man kann hier völlig entspannt bummeln, in einem der zahlreichen Cafés etwas trinken oder einfach nur das römische Leben aus der Zuschauerreihe genießen. Besonders intensiv geht das, wenn der Platz abends in zauberhaftes Licht getaucht wird.

TIPP

In der Pizzeria Da Baffeto (Via del Governo Vecchio 114) gibt es leckere Pizzen zu günstigen Preisen.

● Piazza Navona, 00186 Rom

● ÖPNV: Bus 46, 62, 64, 916, 916F, N5, N15, N20, Station Vittorio Emanuele/s. A. Della Valle; Bus 30, 70, 81, 87, 130F, 492, 628, N6, N7, Station Senato

Was für ein Theater!

53 Salone Margherita in der Via dei Due Macelli

Welch wundervoller Anblick: Belle Époque – so weit das Auge reicht! Der Salone Margherita ist ein absolutes Muss für alle Liebhaber traumhaft schöner Jugendstil-Architektur. Das kleine Theater, eine römische Institution, zählt zu den schönsten Bühnen dieser Zeitepoche, die in Italien „Liberty" genannt wird. Der Theatersalon wurde 1898 als „Café Chantant" gegründet, ein Café mit Varieté-Darbietungen. Diese Treffpunkte für ein breites Publikum, die sich großer Beliebtheit erfreuten, hatten ihren Ursprung im Paris des 19. und frühen 20. Jahrhunderts. Das Besondere dieser „singenden Cafés" war, dass man während der Vorstellung essen, trinken und rauchen konnte. Bis auf das Rauchen ist diese angenehme Tradition im Salone Margherita bis heute erhalten geblieben. Der Name „Margherita" ist eine Hommage an Margherita Maria Teresa Giovanna di Savoia (1851–1926), damals Königin von Italien und großzügige Förderin der Künste. Beim Betreten des Foyers spürt man sofort den Geist vergangener Zeiten, der durch das Theater weht. Im Vorraum laden kleine, weiße, runde Tischchen und schwarze Stühle mit roten Samtpolstern zum kurzen Verweilen ein – ein idealer Platz, um die einzigartige Stimmung der Belle Époque in sich aufzunehmen. Besonders sehenswert sind die herrlichen Jugendstil-Deckenleuchten im Foyer und der historische Kassenschalter bei der Bar, an dem auch heute noch die Tickets verkauft werden. Auf der Bühne des Jugendstilsaals wird ein bunter, fantastischer Mix aus Comedy, Nostalgie, Satire, Varieté und Tanz dargeboten. Bereits die Ausstattung des Saales mit seinen dekorativ geschwungenen Elementen und filigran gestalteten Ornamenten ist eine Bühne für sich: viel Gold, hohe Spiegel, runde Balustraden an den großzügigen Logen im ersten Stock und bezaubernde Glasbilder an der Decke – natürlich alles im Jugendstil! Lässt man sich dann auf einem der bequemen, roten Samtsessel entspannt nieder, ist man endgültig in der Belle Époque angekommen. Was für ein genussvolles Erlebnis!

TIPP

Lecker: Gelateria Valentino (Via del Lavatore 96)!

- Salone Margherita, Via dei Due Macelli 75, 00187 Rom
  www.salonemargherita.com
- ÖPNV: Metro A, Station Barberini oder Spagna

SALONE MARGHERITA
LA PRESIDENTE
VALERIA MARINI
ELETTA AL QUIRINALE
FINO AL 23 FEBBRAIO

Immer der Nase nach

54 Trinkwasserbrunnen

Die Sommer in Rom können sehr heiß und trocken sein. Was für ein herrliches Glücksgefühl ist es dann, den Durst mit kühlem Wasser zu löschen! Lästig dagegen ist es, oft zu überteuerten Preisen Wasserflaschen zu kaufen, und noch lästiger, die schweren Flaschen mit sich zu schleppen. Erfreulicherweise kann man sich in Rom das alles ersparen! Denn die Stadt bietet einen Luxus, der rund um die Uhr sowohl von Einheimischen als auch von Touristen gerne genutzt wird: Kühles Trinkwasser in bester Qualität aus Brunnen, die über das gesamte Stadtgebiet verteilt sind. Und das zum Nulltarif. Wegen des nasenförmigen Brunnenhahnes werden die beliebten Wasserspender von vielen Römern liebevoll „Nasone (große Nase)" genannt. Das Trinken aus diesen Brunnen ist genauso simpel wie genial: Man hält mit dem Finger den Hauptausgang des Wasserhahnes zu. Dadurch sucht sich das Wasser einen neuen Weg, und der führt über das kleine Loch an der Oberseite des Hahns direkt in den durstigen Mund. Bis das so elegant wie bei Einheimischen funktioniert, bedarf es allerdings einiger Übung. Obwohl das Wasser in den Trinkbrunnen Tag und Nacht fließt, macht es nur ein Prozent des gesamten Wasserverbrauchs der Haushalte Roms aus. Die ersten Brunnen wurden 1874 aufgestellt. Heute sind es rund 2500. Die Brunnen werden seit 1874 nach den gleichen Vorgaben gebaut: Sie sind aus Gusseisen, wiegen rund 100 Kilogramm und haben einen Durchmesser von 32 Zentimetern. Auch der Wasserhahn befindet sich bis heute an der gleichen Stelle, 62 Zentimeter über dem Boden. Das am häufigsten verwendete Modell heißt passenderweise „Roma" und ist an seinem glatten, schlichten Wasserhahn zu erkennen. Das köstlich erfrischende Nass stammt aus großen Wasserspeichern nahe der Stadt Rieti (nördliches Latium) – pro Sekunde etwa 9000 Liter – in bester Trinkwasserqualität! Zweiflern sei noch verraten, dass das Wasser in regelmäßigen Abständen an unterschiedlichen Stellen kontrolliert wird.

TIPP
Über eine kostenlose App (Acqua a Roma) oder unter www.colosseo.org/nasoni erfährt man, wo die Brunnen sind.

● Trinkwasserbrunnen, z. B. Viale di Trastevere, bei der Kirche San Crisogono nahe des Tibers, 00153 Rom
● ÖPNV: Tram 8, Station Belli

SPQR

Verführung auf Französisch

55

Pasticceria Barberini im Stadtteil Testaccio

Das Glück, das man essen kann, zeigt goldgelbe Farbe und ist ein wunderbar zarter, leicht buttriger Hochgenuss. Es verführt mit einer unwiderstehlichen Füllung aus fluffiger Vanillecreme und darf nur leicht süß schmecken: Ein Cornetto, die italienische Antwort auf das französische Croissant. Das Hörnchen besteht aus Plunderteig mit Eiern. Typisch für das Cornetto ist seine rösche Kruste, die matt glänzen muss und beim Reinbeißen mit leichten Knuspergeräuschen etwas zerfällt. Das Gebäck in Form einer Mondsichel wurde zwar einst in Frankreich erfunden, der Beliebtheit in Rom tut das allerdings keinen Abbruch. Das klassische Frühstückshörnchen wird an fast jeder Ecke angeboten. Doch Vorsicht, es gibt große Qualitätsunterschiede. Daher sollte man diese Köstlichkeit dort genießen, wo wahre Meister der hohen Konditorkunst ihr Handwerk bestens verstehen, beispielsweise in der Pasticceria Barberini im Stadtteil Testaccio. Der kleine Süßwarenladen mit authentischer Atmosphäre verwöhnt seit 1925 mit den wahrscheinlich besten Cornetti der Stadt und anderen Süßwaren. Wie beispielsweise die kleinen, bunten, ganz entzückend verzierten, appetitlich aussehenden Törtchen, die wie kostbare Juwelen, geschützt durch eine blank geputzte Glasscheibe, ihre Käufer anlocken. Daneben konkurriert beispielsweise die Mini-Sacher-Torte mit der Tazzina Tiramisù, und der Cheesecake al limone streitet mit der Cupoletta alla fragola, ein kleines kugelförmiges Erdbeermousse, um die Käufergunst. Gratis dazu gibt es einen Einblick in authentisches Alltagsleben, denn das charmante Geschäft hat viele römische Stammkunden. Man trifft sich auf einen Caffè und ein Cornetto an der Bar, tauscht kurz den wichtigsten Klatsch und Tratsch aus und verschwindet, so schnell, wie man gekommen ist. Apropos Caffè! Den erhält man hier natürlich auch, und zwar in sehr guter Qualität, mit ausgezeichnetem Geschmack (unbedingt den Cappuccino probieren). Was für ein süßer Ort!

TIPP

Solide Hausmannskost bietet das Restaurant Da Bucatino (Via Luca della Robbia 84).

- Pasticceria Barberini, Via Marmorata 41, 00153 Rom
  www.pasticceriabarberini.it
- ÖPNV: Metro B, Bus 75, Station Piramide

Bei Napoleons Mutter

56 Palazzo Bonaparte an der Piazza Venezia

Seit Sommer 2019 erstrahlt der prächtige Palazzo Bonaparte in neuem Glanz. Eine italienische Versicherungsgesellschaft, seit 1972 Eigentümerin des in die Jahre gekommenen historischen Gebäudes, ließ innerhalb eines Jahres den Palast aufwendig renovieren. Erfreulicherweise wurden einige der prächtigen Räume als Zentren für Kunst und Kultur eingerichtet. Wie viele andere historische Häuser in Rom blickt auch der rund 3000 Quadratmeter große Palazzo Bonaparte auf eine lange, abwechslungsreiche Geschichte zurück. Allein schon die Fassade des zwischen 1657 bis 1677 erbauten Gebäudes ist sehenswert! Das Entdecken der gelungenen wie spannenden Mischung unterschiedlichster Elemente des Barocks und der Renaissance macht Spaß. Seinen Namen erhielt der fünfstöckige Palazzo von Maria Letizia Ramolino, Mutter des berühmten französischen Feldherrn, die das Gebäude 1818 erwarb. Ihre „bescheidene Behausung" erstreckte sich über neun Räume. Letizia ließ jeden einzelnen Raum mit raffinierten Stuckarbeiten, venezianischen Fußböden und kostbaren Fresken prunkvoll ausschmücken. Von dem überdachten Balkon mit seinen zauberhaften, historischen Wandverzierungen soll Letizia, geschützt durch grüne Fensterläden, stundenlang und mit großer Freude das nicht enden wollende Kommen und Gehen auf den Straßen unter ihr beobachtet haben, erzählt man sich. Ein Besuch des neuen Museums in dem Palazzo, das sich über eine Etage erstreckt, lohnt sich. Denn hier lässt sich in völlig entspannter Atmosphäre hochkarätige Kunst erleben. Die Eröffnungsausstellung mit bislang unbekannten Werken berühmter Impressionisten setzte mutige Zeichen in Sachen qualitativ hochwertiger Präsentation. Das gesamte traumhaft schöne Ambiente lädt zum Träumen ein. Überall an Wänden und Böden entdeckt man Kunstschätze, wohin soll man zuerst schauen, um nichts zu verpassen? Kein Stress bitte, einfach nur auf sich wirken lassen und still genießen! Was für ein charmanter, fast schon intimer, ganz wundervoller Ort!

- Palazzo Bonaparte, Piazza Venezia 5, 00186 Rom
  www.mostrepalazzobonaparte.it
- ÖPNV: Tram 81, 87, 628, Station Ara/Coelli/Piazza Venezia

PALAZZO
ONAPARTE
IMPRESSIONISTI
SEGRETI

Frankreich grüßt Italien

57

La Baguetteria del Valle nahe Piazza Navona

Streetfood und Römer – das passt zusammen wie Feuer und Wasser! Denn die meisten Einheimischen haben nicht viel für Fastfood übrig. Spazieren gehen und nebenher essen – das geht gar nicht, das macht man nicht! Denn schließlich muss ein Essen – und sei es eine noch so kleine Mahlzeit – zelebriert werden. Essen ist bei den meisten Römern nicht einfach nur den Hunger stillen, sondern ein wichtiges Ereignis, verbunden mit Genuss und Spaß. Man trifft sich gerne mit Freunden oder Arbeitskollegen in einer der vielen kleinen Trattorien oder Restaurants und speist gemeinsam ausgiebig. Dafür sich ein zeitliches Limit zu setzen, ist verpönt. Eine der wenigen Ausnahmen römischer Essgewohnheiten ist die kleine Imbiss-Stube La Baguetteria del Valle, versteckt in einem historischen, etwas heruntergekommenen Gebäude zwischen Pantheon und Piazza Navona. Der Name ist Programm – hier gibt es die französische Brotikone, sozusagen italienisiert. Das Publikum ist bunt gemischt. In dem kleinen Laden, in dem man bei der Zubereitung der Köstlichkeiten zusehen kann, trifft sich eine ganz unterschiedliche Gäste-schar aller Altersklassen. Die Auswahl ist sensationell gut, die Preise sind es erfreulicherweise ebenfalls. Natürlich bekommt man hier nicht einfach nur ein belegtes Sandwich in die Hand gedrückt, sondern einen liebevoll dekorierten Teller, auf dem neben der dick belegten französischen Nationalspeise kleine, leckere und farbenfrohe Antipasti-Überraschungen Auge und Gaumen erfreuen – schließlich ist man in Rom! Doch warum macht die Baguetteria so viele Hungrige glücklich? Liegt es an den absolut frischen Zutaten, die hier verwendet werden? Oder am verführerischen Knacken der Baguettes beim Reinbeißen? Oder an dem genauso freundlichen wie aufmerksamen Chef? Vielleicht an der lockeren, ungezwungenen Atmosphäre? Oder liegt es einfach daran, dass diese Baguettes fantastisch schmecken? Einfach ausprobieren – es wird nicht bei einem Besuch bleiben!

TIPP

Als Dessert empfiehlt sich ein köstliches Eis aus der nahen Eisdiele La Gelateria Frigidarium (Via del Governo Vecchio 112).

● La Baguetteria del Valle, Via del Teatro Valle 40, 00186 Rom
www.labaguetteria.it
● ÖPNV: Bus 40, 64, Station Argentina

THE FINEST ITALIAN FOOD WRAPPED
INTO FRESH AND FLAVORFUL BAGUETTES
LA BAGUETTERIA®
www.labaguetteria.com
COOL DRINKS
LA BAGUETTERIA
LA BAG

Reise in vergangene Tage

58

Via Giulia bei der Ponte Sisto

Lust auf ein altes Stück Rom? Neugierig auf eine der schönsten Straßen der Altstadt? Dann steht einem genussvollen Bummel durch die historische Via Giulia nichts mehr im Weg. Die rund einen Kilometer lange Verbindung von der Piazza San Vicenzo Palotti bei der Ponte Sisto zur Piazza dell' Oro zieht sich schnurgerade entlang des rechten Tiber-Ufers hin. Der Boulevard mit unterschiedlichen Stilepochen blickt stolz auf immerhin mehr als 500 Jahre Geschichte zurück. Papst Julius II. beauftragte um 1508 den Begründer der Hochrenaissance-Architektur, Donato Bramante, diese repräsentative Straße im Marsfeld zu erschaffen. Vom 17. bis Mitte des 18. Jahrhunderts diente die Promenadenstraße als prunkvoller Rahmen für zahlreiche Feste, Prozessionen und Wettrennen für Volk und Adel. Der Spaziergang durch die erlebenswerte Grandezza der Via Giulia beginnt bei der Ponte Sisto, vorbei an imposanten Palazzi und überaus prachtvollen Kirchenfassaden. Den Anfang der Avenue macht der herrschaftliche Palazzina Pateras Pescara (Nr. 251). Vorbei am Fontana del Mascherone mit der Wappenlilie der Familie Farnese gelangt man zum prächtigen Palazzo Farnese (Nr. 186), ein Entwurf von Michelangelo. Der Brückenbogen über die Via Giulia stammt aus dem Jahr 1603. Vom Palazzo Cisterna (Nr. 163) kommt man zur Kirche Santa Caterina da Siena (1526). Weiter geht es zum herrlichen Palazzo del Coolegio Spagnolo (Nr. 151), dem Renaissance-Palazzo Ricci (Nr. 146) mit Fresken von Caravaggio an der Außenfassade, zur wundervollen kleineren Kirche Spirito Santo dei Napoletani. Der Besuch des herrlichen Gotteshauses lohnt, ebenso die Kirche San Giovanni dei Fiorentini am Ende der historischen Via. Wer sich einfach ohne Ziel, dafür mit ctwas Zeit treiben lässt, kann die Historie und den Glanz alter Zeiten in dieser Straße noch erspüren. Diese einmalige Entdeckungsreise ist ein unvergessliches Erlebnis – authentisch und berührend!

TIPP

In „Meine Reise nach Rom" beschreibt Emile Zola u. a. die Via Giulia.

- Via Giulia, 00186 Rom
- ÖPNV: Bus 64, 75, 170, Station C.so Vittorio Emanuele/S. A. Della Valle

Dichter mit Doppelleben

59

Piazza Giuseppe Gioachino Belli

Wem ein imposantes Denkmal auf einem charmanten, kleinen Platz in Rom gewidmet wird, muss sehr bekannt sein. Wenn aber der Vatikan anlässlich des 150. Todestages dieser Person gar den Druck einer Sondermarke in Auftrag gibt, muss man berühmt sein. Und das war er, der römische Dichter Giuseppe Gioachino Belli (1791–1863). Große Bekanntheit erlangte der Poet durch seine Sonette, die er in Romanesco (römischer Dialekt) verfasste. Sein finanzielles Auskommen sicherte er sich durch die Heirat mit einer vermögenden Frau und die von ihm mitgegründete literarische Akademie „Tiberina", deren Präsident er wurde. Zwischen 1829 bis 1849 verfasste er in seiner Freizeit sage und schreibe 2279 römische Sonette. Zeit seines Lebens aber wurde auf seinen ganz speziellen Wunsch kein einziges davon veröffentlicht. In sprachgewaltigen Zeilen schaute Belli mit einer guten Portion Humor und Satire dem Volk aufs Maul und schilderte die Not der kleinen Leute. Seine Werke, die erst 100 Jahre nach seinem Tod veröffentlicht wurden, befassen sich hauptsächlich mit den damaligen gesellschaftlichen und politischen Missständen. Auch heute noch beobachtet er genauestens das Volk. Von seinem Sockel aus blickt die lebensgroße, 1913 gefertigte Statue des Dichters auf die Piazza hinab. Aufmerksam, nachdenklich, kritisch, aber dennoch mit Schalk unter dem großen Zylinder. Und so tragen auch – nicht zufällig – die zwei Wasserbrunnen an den Seiten des Denkmals die Namen „Poesie" und „Satire". Zu Füßen des Denkmals, umgeben von duftenden roten Rosen und im Schatten uralter Kiefernbäume, lässt sich vorzüglich eine erholsame Pause einlegen. Einfach die Nähe des großen Dichters genießen, der feststellte: „Der Tod ist versteckt und hockt im Glockenturm. Und niemand kann sagen: Morgen höre ich noch einmal Mittagklingeln wie heute, zur selben Stunde!" (Frei übersetzt.) Daher einfach diesen hübschen Park an dem kleinen Platz entspannt genießen – carpe diem!

TIPP

Das Restaurant Sora Lella (auf der Tiberinsel) verwöhnt mit leckerer römischer Küche.

● Piazza Giuseppe Gioachino Belli bei der Tiberbrücke, Viale Trastevere, 00153 Rom
● ÖPNV: Tram 8, Station Belli

Opulente Vielfalt genießen

60

Mercato dell'Unità im Stadtteil Prati

Beinahe jeder Stadtteil Roms verfügt über einen eigenen Markt. Leider sind einige dieser Institutionen zu Sightseeing-Hotspots geworden mit entsprechend geändertem Warenangebot, wie der Touristenmarkt auf dem Campo de' Fiori. Wer echtes römisches Marktflair erleben möchte, besucht den Mercato dell'Unità im schicken Stadtteil Prati. Da der Markt in einer überdachten Halle untergebracht ist, kann man den Einkaufsbummel auch auf einen Regentag legen. Allein schon die Markthalle, sicherlich die schönste in ganz Rom, ist ein Blickfang. Das optische Highlight wurde 1928 ganz im Stil des Neoklassizismus errichtet. Die Marktstände mit ihrem meist klassischen Angebot übertrumpfen sich gegenseitig mit opulenter Farbenvielfalt und frischem Warenangebot, egal ob es sich um Obst, Gemüse, Wurst, Käse, Fisch, Hausutensilien, Textilien oder Brot handelt. Die Römerinnen aus dem Viertel lieben es, hier einzukaufen. Dabei geht es nicht nur um das Abarbeiten des Einkaufszettels. Vielmehr dient der regelmäßige Marktbesuch dazu, Neuigkeiten zu erfahren, über Politik zu fachsimpeln, mit den Händlern, Nachbarn, Bekannten einfach kurz zu plaudern und Kochrezepte von der Mama auszutauschen. Es ist aber nicht leicht, sich bei der Farbenpracht und den verlockenden Düften, die in der Markthalle herrschen, zu entscheiden. Hier locken mit würzigem Duft saftige Schinkenspezialitäten. Dort präsentiert der Fischhändler, optisch perfekt dekoriert, seine Seebarsche, Scampi, Muscheln und andere Meerestiere. Die frischen, wie gemalten Steinpilze machen in ihren Körben eine „bella figura". Ein Stück weiter lugen zart-lilafarbene Artischocken dekorativ aus Holzkisten. Der Besuch dieses authentischen Marktes mit all seinen wundervollen Impressionen und seinem römischen Flair ist ein sinnliches Erlebnis, das einfach nur glücklich macht! Das zufriedene Lächeln der Besucher beim Verlassen des kunterbunten Paradieses bestätigt das.

TIPP

Einen Überblick über viele römische Märkte gibt es unter www.mercatidiroma.com.

- Mercato dell'Unità, Via Cola di Rienzo 245, 00192 Rom
- ÖPNV: Metro A, Station Lepante oder Ottaviano

158 POLPO VERACE
PESCATO FAO 37.1.3
FRESCO TIRRENO SETT
RETI TRAINO 22.80
143 TOTANI
11.80
8.80
MUSDEA
FAO 37.1.3
TIRRENO SETT
13.80

Ein bezaubernder Ort

61

Palazzo Altemps nahe Piazza Navona

Eigentlich müsste man diesen bezaubernden Ort, den Palazzo Altemps (15. Jhdt), voller kleiner und großer Glücksmomente, gleich zweimal besuchen: Ein erstes Mal, um den vortrefflich renovierten Renaissancepalast mit seinen wundervollen Fresken, der winzigen, hauseigenen Kapelle und dem idyllischen Innenhof zu erleben. Beim zweiten Besuch widmet man sich dem weniger bekannten und daher gottlob nicht überlaufenen Museum. In 33 Ausstellungsräumen lassen sich rund 140 meisterhaft gefertigte Skulpturen der antiken und römischen Bildhauerkunst bestaunen. Der Name Altemps stammt übrigens aus dem 19. Jahrhundert, als der französische Lieutenant Jules Hardouin den Palast für seine Frau Lucrezia Altemps erwarb. Nach etlichen Eigentümerwechseln brachte die italienische Regierung im Jahr 1982 den ziemlich heruntergekommenen Palast in ihren Besitz und ließ ihn aufwendig renovieren. Heute dienen die sehenswerten Räumlichkeiten, deren Decken teilweise mit prächtigen Fresken geschmückt sind, als Zweigstelle des Museo Nationale Romano. Ein Platz der Ruhe und des Friedens ist der idyllische, quadratische Innenhof mit seinen vier herrlichen riesigen Statuen, die auf die Besucher aufzupassen scheinen. Eine kleine, geschützte Oase, in der man Kraft tanken kann. Es gibt hier aber noch einen weiteren, ganz besonderen Ort: die hauseigene Kapelle Sant' Aniceto nel Palazzo Altemps mit ihrer feierlichen Atmosphäre. Die filigran gearbeiteten herrlichen Einlegearbeiten aus Marmor und Perlmutt wurden im ansprechenden Stil des Spätbarocks und Rokokos gefertigt. Am besten lässt sich die Pracht des Kirchleins in aller Ruhe von einer der Bänke aus genießen. Schwere Gedanken, Sorgen und Probleme scheinen sich durch die magische Stimmung im Raum in Nichts aufzulösen, steigen hinauf zum Himmel und werden von den zahlreichen zarten Engelchen, die auf dem herrlichen Deckenfresko zu sehen sind, einfach weggetragen. Glück kann oft so leicht sein!

TIPP

Wann man Museen kostenlos besuchen kann, findet man auf den Webseiten der jeweiligen Häuser.

- Palazzo Altemps, Via di Sant'Apollinare 8, 00186 Rom
  www.rom-museum.com/palazzo-altemps.html
- ÖPNV: Bus 70, 81, 87, 116, 186, 492, Station Sonnino/S. Gallicano

palazzo
altemps
museo
nazionale
romano

Eine Frage des Geschmacks

62

Gelateria del Teatro nahe Piazza Navona

Wo gibt es in Rom das beste Eis zu kaufen? Auf diese vermeintlich einfache und häufig gestellte Frage ist es schwierig, mit einer konkreten Empfehlung zu antworten. Denn beinahe jeder Römer hat seine „eigene" Eisdiele und schwört auf deren cremige Produkte. Deshalb ist eine exakte Antwort nicht möglich. Eines aber kann mit Sicherheit gesagt werden: Es gibt in ganz Rom keine Eisdiele, die schlechte Ware anbietet. Industriell hergestelltes Eis mit Farb- und Zusatzstoffen zu verkaufen, verbietet allein schon die Berufsehre der stolzen Eishersteller. Sehr gutes Eis setzt immer hohes handwerkliches Können und die Verwendung von besten frischen Zutaten voraus. Neben den bekannten Eisdielen-Ketten in Rom, die in jedem Reiseführer erwähnt werden, gibt es noch die kleinen, meist familiär geführten. Einer dieser sehr zu empfehlenden Geheimtipps ist die wunderbare Eisdiele Gelateria del Teatro, zu finden in der romantischen Via dei Coronari nahe der Piazza Navona. Dort, wo früher auf dem Weg zum Petersdom Rosenkränze und andere Devotionalien an Pilger verkauft wurden, gibt es heute eiskalte köstliche Erfrischungen, die jeden Genießer glücklich machen. Warum das Eis so lecker schmeckt, liegt sicherlich auch an den allerbesten Zutaten, die verwendet werden. Die Haselnüsse beispielsweise sind aus dem Piemont, die Bio-Zitronen von der Amalfiküste. Hinzu kommen noch viel Sorgfalt, solides Können und – ganz entscheidend – eine große Portion Liebe zu dem Produkt, das man herstellt. Ob Klassiker wie Vanille und Schokolade geschmeidig in die Waffel (Cono) oder den Becher (Copetta) wandern oder „Exoten" wie Mango, Ingwer oder Lemon Grass favorisiert werden, ist natürlich eine Frage der persönlichen Vorlieben. Man kann hier geschmacklich nichts falsch machen. Eines jedoch darf auf dem kühlen himmlischen Geschmackserlebnis nicht fehlen: ein Klacks Sahne (panna). Jetzt erst ist das Glück richtig perfekt!

TIPP

Zauberhafte Werke von Caravaggio in der barocken Kirche San Luigi de' Francesi (Piazza Luigi de' Francesi 5).

- Gelateria del Teatro, Via dei Coronari 65–66, 00186 Rom
www.gelateriadelteatro.it
- ÖPNV: Bus 70, 81, 116, 186, 492, Station Chiesa Nuova

Freiheit auf zwei Rädern

63

Vespa-Museum in der Via Carvour

Über 70 Jahre gibt es ihn nun schon, den legendären, weltbekannten Roller der italienischen Firma Piaggio, kurz und bündig einfach nur Vespa genannt. Es gibt wohl kaum ein anderes motorisiertes Fortbewegungsmittel, das mit einem solchen Mythos umgeben ist und das – gerade bei Deutschen – als Sinnbild für lockere italienische Lebensweise steht. Und zwar nicht erst seit dem berühmten Film „Ein Herz und eine Krone" (Roman Holiday, 1953), in dem Gregory Peck mit der wundervollen Audrey Hepburn auf einer Vespa durch Rom fuhr, damals noch ohne Helm. Das Kultobjekt auf zwei Rädern ist für viele das Symbol für Freiheit und hat weltweit unzählige leidenschaftliche Liebhaber und Fan-Clubs. Doch der Roller kann noch viel mehr! Er ist praktisch und kostengünstig (von der Anschaffung mal abgesehen). Auf dem Rücken der schnittigen Wespe kommt man schnell durch den dichtesten römischen Stadtverkehr. Die bei Autofahrern oft nervende Parkplatzsuche in Rom entfällt ebenfalls, da das Fahrzeug in die kleinste Lücke passt. Die Römer lieben ihre Vespa. Daher ist es nicht verwunderlich, dass 2013 ein kleines, aber feines Museum eingeweiht wurde, das sich mit dem Mythos der Wespe beschäftigt und stolz ihre schönsten Vertreter präsentiert. Der Ausstellungsraum befindet sich im Untergeschoss des Geschäftes „Bici & Baci", das u. a. Roller verleiht und geführte Vespa-Touren durch Rom anbietet. Beim Anblick dieser zwölf bunten, perfekt polierten Schönheiten geht einem das Herz auf. Natürlich gibt es auch das berühmte Modell zu bestaunen, das in dem anfangs erwähnten Film eine bedeutsame Rolle spielte. Zu den perfekt in Szene gesetzten Vespa-Rollern erfährt man darüber hinaus Spannendes und Interessantes über die Geschichte der erfolgreichen Zweiräder. Bei derart viel original italienischem Lebensgefühl schlägt das Herz schnell höher! Wer sich danach echten Fahrtwind ins Gesicht wehen lassen möchte, kann sich im Erdgeschoss eine Vespa für einen Trip durch Rom ausleihen.

TIPP

Der Souvenir-Shop im Erdgeschoss hat witzige Mitbringsel für Vespa-Fans, z. B. Vespa-Uhren im Retro-Look.

● Museo Vespa, Via Carvour 302, 00184 Rom
www.spaziomuseovespa.com
● ÖPNV: Bus 75, 117, Station Cavour/Ricci

La dolce Vita

64 Via Vittorio Veneto bei der Piazza Barberini

Unvergessen ist der mehrfach prämierte, berühmte Film des Filmemachers Federico Fellini von 1960: „La dolce Vita" handelt vom süßen Leben der sogenannten High Society im Rom der 1950er-Jahre. Fellini besetzte die Hauptrollen mit hochkarätigen Schauspielern wie Marcello Mastroianni, Anouk Aimée und Anita Ekberg. Als Drehorte dienten zahlreiche Straßen und Plätze der Stadt, unter anderem die Via Vittorio Veneto, kurz Via Veneto genannt. Diese Straße zwischen der antiken Porta Pinciana und der Piazza Barberini war zuvor eine durchschnittliche römische Straße und wurde erst durch den sensationellen Erfolg des Films zum beliebten Treffpunkt von Hollywoodstars, Sternchen und anderen Berühmtheiten. Sie alle tummelten sich gerne in den mondänen Hotels, schicken Cafés und schrillen Bars an der Via Veneto – sehen und gesehen werden! „Place to be" würde man heute sagen.

„Tempi passati" (vergangene Zeiten), sagen die Römer. Das trifft auch auf die legendäre Via Veneto zu. Wer heute entlang der prunkvollen Fassaden schlendert, ist auf der Suche nach etwas, was es eigentlich nicht mehr gibt – dem unverwechselbaren Flair der legendären 1960er-Jahre mit seinen rauschenden Festen, internationalem Jet-Set und turbulenten Liebesaffären. Aber mit etwas Zeit und einer Portion Glück lassen sich auch heute noch Schnipsel des einstigen großen Glamours erhaschen. Vielleicht in der legendären Harrys Bar, in der einst Frank Sinatra Klavier spielte. Oder auf der Terrasse des Gran Caffè Roma bei einem zwanglosen Espresso. Möglicherweise aber auch bei einem Cocktail in der eleganten Embassy Bar des imposanten Jugendstil-Hotels Ambasciatori. Ebenfalls denkbar im Luxushotel Westin Excelsior Rome, einem der Drehorte von La dolce Vita. Die Veneto ist ein Teil der Geschichte Roms wie das Kolosseum oder der Petersdom. Den vergangenen Charme und die alte Pracht zu erleben, macht heute den Reiz dieser Straße aus. Ein Stück wundervolle Nostalgie zum Genießen, die zwar wehmütig, aber auch glücklich macht.

TIPP

Den Film „La dolce Vita" kann man im Internet oder in Buchhandlungen bestellen. Sehenswert!

● Via Vittorio Veneto, 00187 Rom
● ÖPNV: Metro A, Bus 85, 492, 910, Station Barberini

Paradies für Genießer

65

Feinkost Franchi in der Via Cola di Rienzo

Manchmal muss es etwas Besonderes sein, ab und zu möchte man zu einem bestimmten Anlass nur das Feinste vom Feinen bekommen. Und manchmal will man einfach mit allen Sinnen genießen und dabei verschiedene italienische Gaumenkitzler kosten. In allen drei Fällen empfiehlt sich der Besuch des Delikatessengeschäftes Franchi, die Feinschmecker-Institution in Rom schlechthin. Das Traditionsgeschäft verwöhnt seine Kundschaft bereits seit 1910 und hat sein Angebot exakt auf die verwöhnten römischen Gaumen ausgerichtet. Der Besuch dieses lukullischen Sehnsuchtsortes italienischer Lebensweise ist wie eine Reise durch die verschiedenen Regionen des Landes. Wer durch die Eingangstür tritt, gelangt in das Genuss-Paradies auf Erden! Hier hängen appetitlich aussehende Schinkenkeulen aus Parma friedlich neben langen Salamiketten, lockt die Käsetheke mit zahlreichen Spezialitäten, die mehr oder weniger stark duften. Die verschiedenen Pastasorten sind selbstverständlich von Hand gefertigt. In den Vitrinen verführen Antipasti, Fischsalate wie Meeresfrüchte- und Tintenfischsalat sowie in Reih und Glied dekorierte, zartrosa schimmernde Langustenschwänze den Kaufwilligen. Beeindruckend ist die riesige Auswahl an Oliven. Neben den kalten Köstlichkeiten gibt es natürlich auch warme italienische Speisen wie Fleischgerichte, Pizzen oder frittierte Spezialitäten wie Supplì – und alles kann direkt im Geschäft verkostet werden. Der exzellente Gourmet-Tempel bietet eine gute Auswahl erlesener Weine, diverse Essigsorten und beste Olivenöle. Wer sich in der riesigen Feinkostlandschaft nicht zurechtfindet, der wird von freundlichen Bedienungen mit weißen Hemden, schwarzen Schürzen und weinroten Krawatten unter die Fittiche genommen und individuell beraten. Die Lust der Römer an den schönen Dingen des Lebens, die unbändige italienische Lebensfreude – all das spürt und erlebt man in diesem wundervollen Geschäft, das eben viel mehr ist als „nur" ein Feinkostladen.

TIPP

Gutes Essen und fabelhaften Wein gibt es auch in dem gemütlichen Restaurant Il Ragno d'Oro (Via Silla 26).

- Feinkost Franchi, Via Cola di Rienzo 200, 00192 Rom
- ÖPNV: Metro A, Bus 492, Station Lepanto

VINI
DEL
LAZIO

Dreiheiligkeit lässt grüßen

66

Basilica di Santa Cecilia in Trastevere

Mitten im quirligen Stadtviertel Trastevere und doch fernab der Touristenströme liegt ein wahres Juwel: die kleine, wenig bekannte Basilica di Santa Cecilia mit Kloster. Dieser besinnliche Ort der Stille, den selbst viele Römer nicht kennen, ist der Heiligen Cäcilia geweiht. Sie erblickte um 200 in einer römischen Patrizierfamilie das Licht der Welt, die ihr wenig Schönes bescheren sollte. Ihr Gatte Valerian ließ sich wegen ihr taufen, und fortan kümmerten sich die beiden Christen um Arme, Kranke und beerdigten die hingerichteten Christen, was den Christenverfolgern ein Dorn im Auge war. Sie verurteilten beide zum Märtyrertod. Auf den vermeintlichen Überresten ihres Wohnhauses wurde die Kirche errichtet und dort die – vermutlichen – Gebeine der Heiligen begraben. Das Grabmal im Confessio im Mittelschiff ist ein künstlerisches Meisterwerk. Der italienische frühbarocke Bildhauer Stefano Maderno schuf die liegende Heilige mit verschleiertem Gesicht, lebensgroß und in Marmor, angeblich nach dem Leichnam, wie er bei der Sargöffnung um 1599 aussah. Die weiße Skulptur ist von fast überirdischer Schönheit. Maderno verstand es, der Heiligen Zartheit und Erhabenheit zugleich einzuhauchen, dass man beim Betrachten der anmutigen Grazie Gänsehaut bekommt. Sieht man näher hin, fällt auf, dass drei Finger der rechten Hand und der Zeigefinger der linken Hand ausgestreckt sind, Dreiheiligkeit lässt grüßen! Herrliche Kunst zum Genießen bieten auch die farbenprächtigen Apsis-Mosaike und das wundervolle Deckenfresko mit der Erhebung Cäcilias zur Heiligen. Oft vernimmt man in dem Gotteshaus engelsgleiche Gesänge. Aber es singen keine Engel, sondern Schüler der renommierten Musikschule des Klosters. Oft spielt auch eine Nonne auf der Kirchenorgel. Die Töne scheinen bis in den Himmel aufzusteigen, und irgendwie ist man der heiligen Cäcilia dank der Musik ein Stück näher. Vielleicht auch deshalb, weil sie als Schutzpatronin über die Kirchenmusik wacht (Gedenktag 22. November).

TIPP

In der Antica Erboristeria Romana (Via di Torre Argentina 15) ist gegen (fast) jedes Leiden ein Kraut zu bekommen.

- Basilica di Santa Cecilia, Piazza di Santa Cecilia, 22, 00153 Rom
  www.benedettinesantacecilia.it
- ÖPNV: Tram 8, Bus H, Station Piazza Sonnino; Bus 23, Station Lungotevere Raffaello Sanzio

ANCISCVS · TITV · SANCTÆ · CÆCILIÆ · CAR · DE · AQVAVIVA

Kaffeepause im Kreuzgang

67

Chiostro del Bramante nahe Piazza Navona

Etwas suchen muss man schon, um den herrlichen Kreuzgang Chiostro del Bramante nahe der berühmten Piazza Navona zu finden. Er ist an die Kirche Santa Maria della Pace angeschlossen und das eigentliche Herz der monumentalen Klosteranlage. Der Entwurf stammt von dem Architekten Donato Bramante. Die historischen Mauern der ehemaligen Klosteranlage bieten Platz für ein rund 1000 Quadratmeter großes Museum und Räumlichkeiten für spannende Kunstausstellungen nationaler und internationaler Künstler. Im ersten Stock lädt eine besondere Rarität, ein kleines Café mit Außenplätzen direkt im Kreuzgang, zum Besuch ein. Ja, richtig gelesen: ein Café im Kreuzgang! Der perfekte Platz, um einfach mal alle fünfe gerade sein zu lassen. Ein idealer Rückzugsort, um von stressigen Sightseeing-Touren und vom lauten hektischen Verkehr, der permanent hupend um die nahe Piazza Navona tobt, auszuspannen. Hier in der heimeligen Atmosphäre des Klosters unter der alten Holzdecke des Kreuzgangs, zwischen Einheimischen und Studenten aus aller Herren Länder, die das Café zum Arbeiten nutzen, kann man in aller Ruhe einen cremigen Cappuccino oder einen köstlichen Espresso genießen. Den wundervollen Blick in den schönen Innenhof gibt es kostenlos dazu. Wer nun denkt, hier gäbe es keine weitere Besonderheit mehr zu entdecken, irrt. Denn am Ende des Raums „Sala delle Sibille" gibt es ein Fenster, das den exklusiven Blick auf das berühmte Fresko der Sibyllen (1514) in der angeschlossenen prunkvollen Kirche Santa Maria della Pace ermöglicht. Die wundervollen Figuren der vier Sibyllen stammen von dem berühmten Maler der Hochrenaissance, Raffael. Und während man bequem in einem der bunten Plüschsessel lümmelt und die Ruhe genießt, können sich die Augen an diesem einmaligen farbenprächtigen Kunstwerk nicht satt sehen. So viel lebendige Schönheit mit einer derartigen Leichtigkeit gekonnt in Szene zu setzen – das vermag wirklich nur ein wahrer Künstler. Was für ein friedlicher und gleichzeitig künstlerisch inspirierender Ort!

TIPP

Kinder können an Workshops der Accademia dei Piccoli teilnehmen, während die Eltern im Museum sind (www.accademiadeipiccoli.it).

- Chiostro del Bramante, Via arco della Pace 5, 00186 Rom
www.chiostrodelbramante.it
- ÖPNV: Bus 46, 64, Station Corso Vittorio Emanuele oder Chiesa Nuova; Metro A, Station Lepanto oder Spagna

LARIBVS CONGREGATIONIS LATERANE
OLIVERIVS CARRAF

Damen & ihre Tugenden

68

Galleria Sciarra nahe Fontana di Trevi

Einheimische, die von der Via Marco Minghetti zur Piazza dell' Oratorio wollen, nehmen die Abkürzung durch die Galleria Sciarra. Obwohl das schöne Kleinod nahe dem weltberühmten Brunnen Fontana di Trevi liegt, kennen es die meisten Touristen nicht. Schade, denn ihnen entgeht einiges: beispielsweise eine Modenschau aus der Zeit um 1900! Die Galerie im Innenhof des gleichnamigen Palazzo wurde von dem Architekten Giulio de Angelis 1870 erbaut. Die imposante Glasdecke über dem Innenhof wird von schwarzen Eisenelementen eingerahmt. So beeindruckend die Decke auch sein mag, das eigentliche Highlight der Galerie sind die Jugendstil-Fresken (1890) des Malers Giuseppe Cellini. In Rom kann man nur wenige künstlerische Zeugen der Jugendstilzeit erleben. Allein das ist ein guter Grund, sich diese bezaubernden Bilder näher anzuschauen. Hauptthema der wundervollen Jugendstilmotive ist die „Verherrlichung der Frau" in ihren damals typischen Rollen. Gezeigt werden adlige Damen u. a. als Musikerin, Ehefrau, Mutter, Hüterin des Herdes, Gärtnerin und Salondame. Die oberen Bilder widmen sich den weiblichen Tugenden wie Demut, Treue, Keuschheit, Barmherzigkeit und Geduld. Die kostbaren eleganten Gewänder, mit denen die Damen – passend zum jeweiligen Anlass – gekleidet sind, geben einen informativen Einblick in die damals vorherrschende Mode, quasi ein kostenloser Catwalk mit Mode und Models aus der Zeit um 1900. Wer ausgiebig die Fresken betrachtet, entdeckt den einzigen Mann in der weiblichen Runde, den berühmten Schriftsteller Gabriele d'Annunzio, der sich nicht nur in seinen Romanen zu dem verführerischen weiblichen Geschlecht hingezogen fühlte. Obwohl nahe am turbulenten, lauten römischen Verkehr herrscht in der Galerie beruhigende Stille. Ein Ort zum Genießen und Ausspannen. Wenn die Galleria mit ihrer wunderschönen Architektur abends in mildes Kunstlicht getaucht ist, hat man das Gefühl, in einer anderen Zeit zu leben. Was für ein Glück, diesen angenehm ruhigen Innenhof entdeckt zu haben!

TIPP

In der nahen Trattoria al Moro (Vicolo delle Bollette 13) gibt es leckeres Essen in gemütlichem Ambiente!

- Galleria Sciarra, Via Marco Minghetti 10, 00187 Rom
- ÖPNV: Metro A, Station Barberini; Bus 52, 71, 116, 492, Station Tritone oder Fontana di Trevi

Der Nabel der Welt

69 Piazza del Campidoglio auf dem Kapitol

Das historische architektonische Meisterwerk, der Kapitolsplatz, befindet sich auf einem der sieben Hügel der Stadt, dem Kapitol. Der geniale Künstler Michelangelo schenkte der Piazza im Jahr 1538 ihr neues „Outfit“, es war sein erster bedeutender Architekturauftrag. Das Ergebnis sollte eines der großartigsten, beeindruckendsten Musterbeispiele eleganter Plätze der Spätrenaissance werden. Zwei schwarze, granitene Löwenstatuen an der wundervollen Freitreppe bewachen den Hauptaufgang zur Piazza. Die flachen Stufen dieser sogenannten Cordonata bewirken, dass man sich langsam, majestätisch schreitend und mit noch größerer Vorfreude dem architektonischen Höhepunkt, dem sternförmigen Kapitolsplatz, nähert. Drei herrliche Renaissance-Paläste rahmen die Piazza malerisch ein und verleihen ihr das Erscheinungsbild eines geschlossenen Platzes. An der Stirnseite imponiert der Senatorenpalast (Palazzo Senatorio), der auf einem Tabularium, einer Art Staatsarchiv, errichtet wurde. Heute befindet sich in dem Gebäude das Rathaus der Stadt. Im 80-Grad-Winkel dazu gesellt sich der ebenfalls sehr beeindruckende Palazzo dei Conservatori, ein Renaissance-Gebäude mit Abteilungen der Kapitolinischen Museen. Der spiegelgleiche Palazzo Nuovo gegenüber dient ebenfalls als Museum. Der große prachtvolle Stern mit zwölf überlappenden Zacken auf dem Boden des Platzes wirft Fragen auf. Stehen die Strahlen für die zwölf Tierkreiszeichen oder die zwölf Apostel? Das kann jeder für sich entscheiden. Die etwas gewölbte Mitte des majestätischen Platzes ist Symbol dafür, dass der Kapitolshügel einst als „caput mundi“ (Haupt der Welt), als Zentrum des römischen Reiches angesehen wurde. Manchen Römern bedeutet er das heute noch. Das muss man sich erst einmal richtig klar machen! Man steht sozusagen auf dem Nabel der Welt. Welch grandioses Glücksgefühl, gepaart mit etwas Ehrfurcht vor dem Ort!

TIPP

Die Kapitolinischen Museen auf der Piazza sind unbedingt einen Besuch wert. www.museicapitolini.org

- Piazza del Campidoglio, 00186 Rom
- ÖPNV: Metro B, Bus 75, 85, 170, Station Colosseo

Glück zählt keine Kalorien

70

Bäckerei Panella nahe dem Colosseum

Dieser schon von weitem verführerisch duftende Glücksort ist geeignet für alle Kalorienignoranten und Liebhaber höchster Backkunst. Hier kann man eigentlich (fast) alles kaufen: Schnäpse, Eis, Nudeln, Pizza to go, Feinkost und Weine. Deshalb nennt sich die Bäckerei auch Pizzeria, Vineria, Caffetteria, Pasticceria, Gelateria und natürlich auch Panetteria, denn das ist seit 1929 bis heute das Hauptgeschäft des Ladens mit der einladenden Terrasse. Schon das wundervoll dekorierte Schaufenster lädt ein! Je nach Saison gibt es unterschiedliche Kunstobjekte aus Brotteig zu bewundern. Mal sind es das Colosseum oder ein römischer Legionär, mal wird die Gründerin der Stadt, die Wölfin mit den wohl berühmtesten Kindern Roms aus Teig modelliert. Mal gibt es Römerinnen zu sehen, die ihren Hund Gassi führen oder es sich auf einer Parkbank bequem gemacht haben. Im Inneren der großen Bäckerei gerät man rasch in Entscheidungsnot und weiß nicht, wo man zuerst hinschauen, geschweige denn hingehen soll. Daher hier kurz ein paar Empfehlungen, die man auf keinen Fall versäumen sollte! Wer einen Snack für den kleinen Hunger sucht, sollte sich ein Stück Pizza aussuchen. Diese italienische Spezialität wird im alten Backofen „Matador" zubereitet. Wobei der Sauerteig, bevor er im Ofen verschwindet, erst einmal einen Tag ruhen muss – so will es die römische Backtradition. Lecker sind auch die hausgemachten Grissini in unterschiedlichen Varianten mit Tomaten, Spinat, Mohn oder einfach klassisch mit Salz. Neben rund 70 (!) Sorten Brot gibt es hier natürlich auch süße „Schweinereien", dolci, wie beispielsweise sizilianische Cannoli, Pastiera Napoletana oder, für Heimweh-Geplagte, Apfelstrudel und Sacher-Torte. Was den glücklichen Ausnahmezustand in dem lukullischen Paradies für die Genießer noch intensiviert (falls das überhaupt möglich ist), sind der Caffè mit Weinschaumcreme oder der Cappucino mit Pistaziencreme – Letzterer übrigens in ganz Rom nur hier erhältlich!

TIPP

Der nahe Parco di Colle Oppio ist ein beliebter Treffpunkt hauptsächlich von Einheimischen.

- Panella, Via Merulana 54, 00185 Rom
  www.panellaroma.com
- ÖPNV: Bus 16, 75, 714, Station Merulana/Brancaccio; oder 10 Minuten Fußweg vom Bahnhof Termini

Römischer Alltag

71 Piazza della Madonna dei Monti nahe Colosseum

Wer sich tapfer durch die Touristenströme Roms gekämpft hat, ist glücklich über einen entspannten Platz zum Ausruhen. Die kleine Piazza della Madonna dei Monti ist solch ein wunderbarer Ort. Obwohl nahe am Besuchermagneten Colosseum, sind Touristen hier rar. Kleine Läden, Werkstätten von Handwerkern und nette Trattorien prägen Monti. In frührömischen Zeiten war die Gegend als „Suburra" (Elendsviertel) verschrien. Hier lebten Damen des horizontalen Gewerbes und sehr arme Arbeiterfamilien. Das rote Licht ist schon lange erloschen. Wie auch an anderen Stellen in Rom befindet sich dieses Viertel im Umbruch und wird langsam „stylisch" und „schick". Die idyllischen efeuumrankten Wohngebäude der Arbeiter werden zunehmend für zahlungskräftiges Klientel saniert. In die einstigen Traditionsläden ziehen mondäne Boutiquen. Dennoch hat sich Monti seinen eigenen, gemütlichen Charakter bewahren können. Es ist, was es immer war: ein charmantes Dorf inmitten des Großstadtdschungels. Die zauberhafte Piazza della Madonna dei Monti, pulsierendes Herz des Stadtteils, ist das beste Beispiel dafür. Hier findet noch echtes römisches Leben statt. Tagsüber spielen die Hoffnungsträger einer neuen Weltmeistergeneration so lange Fußball, bis die Mama aus dem ersten Stock energisch zum Abendessen ruft. Alte Herren lesen aufmerksam die Tageszeitung und schick gekleidete ältere Damen tauschen immens wichtige Neuigkeiten über das Viertel aus. Abends gehört die Piazza den jungen Nachtschwärmern, die die Stufen des zauberhaften Brunnens (16. Jhdt.) in der Mitte des Platzes als persönliche Bühne nutzen. Die Bilderbuch-Piazza ist (noch) ein Stück authentisches Rom: voller Lebensfreude, nicht enden wollender Energie und netter Kommunikation zwischen Jung und Alt. Sehens- und bemerkenswert! Ein erlebenswerter Glücksort, wie man ihn nur noch selten in Rom findet!

TIPP

Im Restaurant La Cicale e La Formica (Via Leonina 17) wird leckere Hausmannskost gereicht.

- Piazza della Madonna dei Monti, 00184 Rom
- ÖPNV: Metro B, Station Cavour

Geschichte anders erzählt

72 Marc-Aurel-Säule auf der Piazza Colonna

Früher war Geschichtsunterricht häufig eine eher langweilige Angelegenheit und beschränkte sich meist auf trockenes Auswendiglernen unzähliger Jahreszahlen. Geschichte kann aber auch anders vermittelt werden. Das zeigt die wunderschöne Ehrensäule, dem römischen Kaiser Marc Aurel gewidmet. Das dorische, fast 30 Meter hohe Bauwerk steht heute noch dort, wo es im römischen Kaiserreich aufgestellt wurde: Auf dem nördlichen Marsfeld, heute Piazza Colonna. Der bronzene Apostel Paulus auf der Säule bewacht die Piazza. In der Säule führen 190 schmale Treppen nach oben. Der Aufgang wurde bis zum Mittelalter noch benutzt, heute ist das nicht mehr möglich. Aufmerksamen Beobachtern fällt die Ähnlichkeit zur rund 80 Jahre älteren Trajansäule auf. Gut beobachtet! Tatsächlich diente sie Kaiser Marc Aurel als Vorbild. Das Reliefband, das sich an der Markussäule in 23 spiralförmigen Windungen nach oben schlängelt, schlägt das Geschichtsbuch bei den Kriegen mit den Markomannen und anderen Stämmen auf. Los geht es mit der ersten Szene, in der die Soldaten mit ihrem Feldherrn über die Donau setzen. Auch über das sogenannte Regenwunder im Quadenland berichtet das Geschichtsbuch, in dem ein starker Gewitterregen Marc Aurel und seine Mannen vor dem Verdursten rettet. Am meisten Spaß bereitet es, bequem auf der Treppenstufe des kleinen hübschen Brunnens (Fontana di Portasanta) zu sitzen und von dort aus in dem römischen Geschichtsbuch zu „lesen“. Von dieser Ehrenloge genießt man einen herrlichen Blick auf die imposanten historischen Gebäude der Piazza, auf den Palazzo Wedekin, in dem u. a. die Zeitung „Il tempo“ residiert. Oder den Palazzo Montecitorio, Sitz der Abgeordnetenkammer, und den Palazzo Chigi, Sitz des italienischen Ministerpräsidenten. Am schönsten präsentiert sich der Platz bei Nacht. Magisches Licht setzt dann die Säule und die herrlichen Palazzi meisterhaft in Szene. Welch wundervoller majestätischer Platz, der bis heute stolz römische Geschichte ausstrahlt.

- Marc-Aurel-Säule, Piazza Colonna, 00186 Rom
- ÖPNV: Bus 62, 63, 81, 85, 95, 116, 117, 119, 160, 175, 492, 628, 630, 850, Station Piazza Colonna

TRIVMPHALIS
ET SACRA NVNC SVM
CHRISTI VERE PIVM
DISCIPVLVM FERENS
QVI PER CRVCIS
PRAEDICATIONEM
DE ROMANIS
BARBARISQ
TRIVMPHAVIT

Gut behütet durchs Leben

73

Borsalino Boutique an der Piazza del Popolo

Was haben Humphrey Bogart, Robert De Niro, Alain Delon, Federico Fellini, Winston Churchill, Nicole Kidman und Michael Gorbatschow gemeinsam? Sie alle sind glückliche Besitzer und Träger eines weltweit bekannten Glanzstückes der renommierten italienischen Modeszene: der Borsalino. Man denke nur an den legendären Ausspruch in dem Film-Klassiker „Casablanca“: Humphrey Bogart, gut behütet mit einem dunklen, breitkrempigen Borsalino, seinem Markenzeichen, haucht seine Filmpartnerin Ingrid Bergmann an: „Ich seh' dir in die Augen, Kleines.“ Diese Szene, bei der Millionen von Zuschauern zum Taschentuch griffen, wäre mit einer stillosen Baseball-Kappe undenkbar gewesen. Die Geschichte des einstigen Familienunternehmens begann 1857, als Giuseppe Borsalino zusammen mit seinem Bruder eine kleine Hutwerkstatt übernahm – Anfang einer Erfolgsgeschichte. Das kleine Schaufenster des Traditionsgeschäftes stimmt mit edler Dekoration auf das ein, worum es in dem Geschäft geht: um Hüte, genauer gesagt um Borsalino-Hüte. Fachkundige Damen rücken sie mit Kennerblick auf den Köpfen der Kundschaft optisch korrekt zurecht. Oft ist es nur ein kleiner Ruck an der Krempe, der notwendig ist, um einen Borsalino perfekt wirken zu lassen. Eines wird in dem Traditionsgeschäft schnell klar: Es werden nicht einfach nur Kopfbedeckungen verkauft, sondern Meisterwerke mit Kultcharakter, Synonym für Eleganz. Die lässige Perfektion der Form und die nonchalante Entspanntheit übertragen sich auf den Träger, der rasch eine veränderte, beinahe stolze Haltung einnimmt. Ein schönes Gefühl für den Hutbesitzer! Dank der ausgezeichneten Qualität (Qualità Superiore) dauert das Hutglück ein Leben lang. Muss es auch, denn die Prunkstücke sind nicht preisgünstig. Doch dafür darf man eine Hutkreation mit Tradition in unnachahmlicher berühmter Optik sein Eigen nennen – dies ist der Beginn einer wunderbaren Freundschaft …

TIPP

Der nahe Campo de' Fiori (mit Markt) ist wegen seiner schönen historischen Bauten einen Abstecher wert.

● Borsalino Boutique, Piazza del Popolo 20, 00187 Rom
www.borsalino.com

● ÖPNV: Metro A, Station Flaminio; Tram 89, 490, Station Villa Borghese/Washington

Triton und seine Delfine

74

Fontana del Tritone auf der Piazza Barberini

Urban VIII. Barberini beauftragte den genialen Künstler Gian Lorenzo Bernini, inmitten der Piazza Barberini, unmittelbar vor dem Familienpalais des Papstes, einen Brunnen zu kreieren: die Fontana del Tritone. Der Brunnen wurde aus römischem Travertin (Süßwasserkalkstein) gefertigt, einem sehr beliebten Baumaterial der Stadt und ist ein Meisterwerk. Die Fontana zählt zu den schönsten Brunnen Roms, was bei über 1500 verschiedenen Brunnenmodellen in der Stadt etwas heißt. Sie steht mitten auf einer kleinen runden Insel, umgeben vom tosenden Verkehr, der wie Wellen die Insel unentwegt umspült. Einst diente die Fontana zur Trinkwasserversorgung der Bewohner des Viertels. Heute ist das plätschernde Kleinod eine erholsame Oase im römischen Chaos, dem täglichen Straßenverkehr der Stadt. Wer den friedlichen Ruhe- und Erholungsort betritt, wird von Triton, Sohn des Meeresgottes Neptun, und der Meeresnymphe Amphitrite begrüßt. Das übergroße Mischwesen kann sich mit seinem durchtrainierten, muskulösen menschlichen Oberkörper ohne Frage sehen lassen. Mit seinem Unterleib, einem Fischschwanz, hat es sich Triton auf einer riesigen geöffneten Muschel bequem gemacht. Vier ganz entzückend gestalteten Delfinen fällt die undankbare Aufgabe zu, diese überdimensionale Muschel mitsamt dem schweren Triton mit ihren aufgerichteten Schwänzen zu tragen. Aber die reizenden Meerestiere meistern die Situation mit Leichtigkeit. Mit ihren weit geöffneten Mündern erzählen sie in der Fischsprache Geschichten, die nur Triton verstehen kann. Er aber hört den geschwätzigen Delfinen nicht zu, da er ja in seine Muscheltrompete (Tritonshorn) blasen muss. Laute Töne sollen das Meer aufwühlen, leise Klänge die Wellen besänftigen. Ob das beim etwas entfernteren Meer funktioniert, vermag man von hier aus nicht zu sagen. Bei dem brausenden, lärmenden Verkehr um die kleine Insel klappt es nicht, da muss Triton noch etwas üben!

TIPP

Für Trüffelliebhaber empfehlenswert: Osteria Barberini (Via della Purificazione 21).

● Fontana del Tritone, Piazza Barberini, 00187 Rom
● ÖPNV: Metro B, Station Barberini; Bus 62, 63, 80, Station Piazza Barberini

BERNINI

Genuss braucht Zeit

75

Gran Caffè La Caffettiera beim Hadrianstempel

Wer etwas Zeit hat und deshalb ein Café sucht, das zum längeren Verweilen einlädt, ist hier goldrichtig. Der beliebte Treffpunkt von Einheimischen, eine Filiale des berühmten Stammhauses in Neapel, ist bekannt für seine herrlichen neapolitanischen Dolci (Süßigkeiten). Auch wer keinen Hunger hat – eine Sfogliatella riccia muss sein! Dieses Stückchen süßes Glück, das bereits beim Reinbeißen verheißungsvoll knistert, ist eine Gebäckspezialität aus Neapel. Es sieht aus wie eine kleine Muschel und besteht aus Blätterteig, gefüllt mit Ricotta (Frischkäse), Zucker und köstlicher Orangencreme. Dazu passt perfekt ein Caffè. Dieser wird – der Heimat des traditionellen Ortes geschuldet – in einer Cuccuma aus Kupfer, auch bekannt als „Caffettiera napoletana" zubereitet. Durch die beinahe schon meditative Langsamkeit der etwas komplexeren Zubereitung entsteht intensives Kaffeeglück auf höchstem Niveau. Der bezaubernde Salon mit seinen dunklen Rosenholzmöbeln, dezenten Blümchentapeten und festlichem Kronleuchter aus Murano-Glas erinnert ein bisschen an die traditionellen, alteingesessenen Kaffeehäuser in Wien. Wer möchte, kann in den angebotenen Tageszeitungen stöbern. Oder einfach in den bequemen Plüschsesseln oder auf dem roten Samtsofa gemütlich Platz nehmen und nichts tun, auch mal schön und wunderbar erholsam! Wer – mit etwas Glück – einen der Flechtstühle auf dem Kopfsteinpflaster vor dem Café ergattert, wird mit einem abwechslungsreichen Blick auf die hübsche, kleine Piazza di Petra belohnt. Liebhaber historischer Stätten staunen über das antike Hadrianeum (Hadrianstempel) mit seinen elf stattlichen Säulen, hinter dessen Mauern u. a. die Börse untergebracht ist. Von seinem Platz aus erhält man – bestens verpflegt – einen wunderbaren Einblick in römisches Alltagstreiben. Bunt, abwechslungsreich, spannend, unterhaltsam und quirlig – was für eine grandiose Liveshow – Rom eben!

TIPP

Das interaktive Museum Welcome to Rome (Corso Vittorio Emanuele II 203) informiert über Rom.

- Gran Caffè La Caffettiera, Piazza di Pietra 65, 00186 Rom
- ÖPNV: Bus 40, 64, 85, Station Corso/Minghetti

Gran Caffè La Caffettiera
SPINGERE

Zu Gast bei Freunden

76

Restaurant Piccolo Abruzzo

Als Romtourist hat man oft gewisse unverrückbare Vorstellungen über das Aussehen einer typisch römischen Trattoria: ein eher kleiner Raum mit weiß getünchten Wänden, unterbrochen von historischen Ziegeln. Auf einfachen Holztischen sollten rotweiß-karierte Tischdecken liegen, darauf wiederum kleine weiße Decken. An den Seitenwänden stehen auf einfachen Holzregalen diverse Weinflaschen, die den Besucher verführerisch anschauen. Die Stühle um die Tische herum sind ebenfalls aus Holz und dürfen ruhig etwas hart zum Sitzen sein. Schließlich geht es hier nicht um bequemes Lümmeln, sondern um das Genießen ausgezeichneter römischer Küche! Das Preis-Leistungsverhältnis und die Qualität der Speisen müssen stimmen. Und natürlich sollte man hier fast ausschließlich nur Einheimische und kaum Touristen antreffen. Auch das gehört zur Vorstellung einer echten römischen Trattoria, dass der Chef selbst bedient, um sich vor Ort ein Bild über die Zufriedenheit seiner Gäste machen zu können. All diese Vorgaben erfüllt das entzückende kleine, 1974 gegründete, familiär geführte, authentische Restaurant Piccolo Abruzzo. Es liegt nahe der berühmten Via Veneto, hat aber gottlob nicht die dort üblichen Preise übernommen. Im Piccolo Abruzzo darf man getrost den Empfehlungen des Chefs vertrauen. Schlägt er ein bestimmtes Gericht oder das täglich wechselnde Menü vor, wäre es nahezu töricht, diese Anregungen auszuschlagen und ihm zu widersprechen. Die meisten Hauptgerichte bekommt man in einer heißen Pfanne serviert – also direkt vom Herd aus der Küche auf den Tisch. Im Lokal herrscht eine ungezwungene, lockere Stimmung. Die Belegschaft vermittelt den Gästen das wundervolle Gefühl, bei guten Freunden zu sitzen und mit ihnen einen schönen Abend bei vorzüglichem Essen zu genießen. Und wie bei guten Freunden üblich, darf man die Trattoria erst dann verlassen, wenn man satt ist, wirklich satt! Wobei ein Limoncello (Zitronenlikör) oder Grappa zum Abschied noch immer Platz haben.

TIPP

Beim Spaziergang durch den schönen Park Villa Borghese verliert man wieder einige Kalorien.

- Restaurant Piccolo Abruzzo, Via Sicilia 237, 00187 Rom, Tel. (00 39) (06) 42 82 01 76 www.piccoloabruzzo.it
- ÖPNV: Metro A, Station Barberini; Bus 360, 590, Station Cave/Eurialo

Einer der schönsten Paläste

77

Palazzo Farnese nahe dem Campo de' Fiori

Den berühmten Campo de' Fiori in seiner Nähe zu haben wie die Piazza Farnese hat Vorteile, denn fast alle Touristen strömen nur zum berühmten Markt auf dem Campo und übersehen völlig den Platz. Seine Existenz verdankt das rechteckige Kleinod Kardinal Alessandro Farnese aus einem alten römischen Adelsgeschlecht. Farnese, der spätere Papst Paul III., plante, hier seinen imposanten Palazzo Farnese zu errichten, bei dessen Bau u. a. der berühmte Bildhauer Michelangelo mitwirkte. Heute gilt der Stadtpalast als einer der schönsten Roms und eines der bedeutendsten Bauwerke aus der Zeit der italienischen Renaissance. Um das Gebäude perfekt in Szene zu setzen, kaufte Farnese kurzerhand die umstehenden Häuser auf und ließ sie anschließend abreißen – die Piazza Farnese war geboren. Man muss den rund 3650 Quadratmeter großen Platz mit seinen imposanten historischen Gebäuden erst einmal in seiner Gesamtheit auf sich wirken lassen. Erst danach versteht man die architektonischen Feinheiten und baulichen Raffinessen, die diesem Ort seinen einmaligen Charakter verleihen. Dominiert wird der Platz von dem erwähnten majestätischen Palazzo Farnese, den die Römer wegen seiner Wuchtigkeit ein wenig despektierlich „Dado" (Würfel) nennen. Opernfans muss man über das Gebäude nicht viel erzählen, denn hier spielt der zweite Akt in Puccinis Oper „Tosca".

TIPP

Im Kloster Casa di Santa Brigida kann man preisgünstig übernachten (www.casabrigidaroma.it).

Wer aufmerksam die Außenfassade betrachtet, stellt fest, dass jede Fensterreihe der einzelnen Geschosse anders gestaltet wurde. Eingerahmt von weiteren herrschaftlichen Palästen, wie dem Palazzo Mandosi Mignanelli (Südost-Seite, 17. Jhdt.), sprudeln auf der Piazza zwei Brunnen aus dem Jahr 1626, deren Formen an Badewannen erinnern. Tatsächlich stammen die Granitwannen aus den Caracalla-Thermen. Die kurze, wundervolle Zeitreise über den historischen Platz lässt man am besten in der zauberhaften kleinen Barockkirche Santa Brigida ausklingen. Unter blauem Sternenhimmel und wundervollen Fresken bleibt die Zeit kurz stehen – ach, gäbe es doch mehr dieser einmaligen Glücksmomente!

- Palazzo Farnese, Piazza Farnese, 00186 Rom
- ÖPNV: Metro A und B, Bus 23, 46, 62, 64, 70, 87; Station Piazza Farnese

Die lange Nase

78 Pinocchio-Spielzeugladen nahe dem Trevibrunnen

Es war einmal …, so beginnen zahlreiche Märchen, wie das aus dem Kinderbuch „Die Abenteuer des Pinocchio“ von Carlo Collodi. Ein Holzschnitzer namens Geppetto erschuf aus einem einfachen Stück Holz eine Puppe, die schnell zu Italiens bekanntester Märchengestalt avancierte und bis heute von vielen Kindern innig geliebt wird: Pinocchio.

Analog zur Geschichte beginnt die Erfolgsstory des Spielwarengeschäftes Bottega Pinocchio mit kreativen Holzschnitzern, die seit 1927 nach Geppettos Vorbild den lustigen Gesellen in traditioneller Holzschnitzkunst fertigen. Wer den hübschen Laden betritt, wird von den Holzpuppen in ganz unterschiedlichen Größen mit ihren charakteristischen langen Nasen herzlich begrüßt. Sie alle haben es sich in unzähligen Regalen gemütlich gemacht und warten gespannt auf ihr neues Zuhause. Sammler machen vor allem die filigran gefertigten Figuren in limitierter Auflage glücklich. Für Musikliebhaber muss es natürlich die zauberhafte Pinocchio-Spieluhr sein. Wer ein nettes Mitbringsel für seine Lieben zu Hause sucht, erfreut sich bestimmt an den lustigen Pinocchio-Magneten oder wählt den kleinen Mann in Form eines Schlüsselanhängers aus.

Sämtliches im Laden angebotenes Holzspielzeug, zu dem auch tickende Wanduhren und Nachbildungen italienischer Autos und Vesparoller zählen, wird in Italien in Handarbeit gefertigt. Hierfür sind handwerkliches Können, viel Leidenschaft und große Begeisterung für die Arbeit notwendig. Dem Endprodukt sieht man das sofort an. Wer dem liebenswerten Pinocchio ins Gesicht blickt, bemerkt: Keines gleicht dem anderen. Jeder der lustigen Holzgesellen sieht sein Gegenüber ein bisschen anders an. Der lebensgroße Pinocchio, der im Geschäft auf einer Holzbank sitzt, lädt zum gemeinsamen Foto ein, um sich zu Hause an diesen einzigartigen Ort in Rom zu erinnern, der nicht nur Kinder glücklich macht! Um mit Jiminy Grille, Pinocchios Gewissen, zu sprechen: „Sei dir nur darüber klar – diese Welt ist wunderbar!“

- Bottega Pinocchio, Via del Lavatore 93, 00187 Rom, Tel. (00 39) (06) 9 92 44 31 www.bottegapinocchio.com
- ÖPNV: Metro A, Station Barberini

Reif für die Insel

79

Isola Tiberina

In Sachen Straßenverkehr schenkt sich die römische Hauptstadt bekanntlich nichts. Hupende Autos so weit das Auge reicht. Hektische Motorradfahrer durchkreuzen mit haarsträubenden Manövern den Verkehr. Besonders an den Hauptverkehrsverbindungen geht es laut zu, und starke Nerven sind gefragt. Zwei dieser wichtigen Lebensadern der Stadt sind die Brücken Ponte Garibaldi und Ponte Palatino. Beide sind die Verbindung von der Altstadt ins Viertel Trastevere. Und an diesen Hauptverkehrsknotenpunkten soll es einen Ort der Entspannung, der Erholung und der Ruhe geben? Ja, den gibt es: Die kleine, hübsche Insel Isola Tiberina, 270 Meter lang und bis zu 67 Meter breit, malerisch mitten im Tiber gelegen. Einst war das schmucke Eiland ein wichtiger Kultplatz für Aesculap, den Gott der Heilkunst. Um Heilkunst geht es auch heute noch, denn die Barmherzigen Brüder führen hier das Krankenhaus Ospedale Fatebenefratelli. Von der Altstadt aus erreicht man das Inselchen über die Fußgängerbrücke Ponte Fabricio (62 v. Chr.), übrigens die älteste, noch im Originalzustand erhaltene Brücke der Stadt. Von Trastevere geleitet das Gegenstück, die Ponte Cestio (46 v. Chr.) zur Insel. Läuft man westwärts seitlich am Krankenhaus vorbei, erreicht man die Inselspitze und somit den herrlichen Rastplatz. Rechts und links von dieser erholsamen Oase rauscht der Tiber vorbei – je nach Jahreszeit mit mehr oder minder viel Wasser. Durch das Getöse bei höherem Pegelstand und das damit verbundene Rauschen hört man kaum noch den Verkehrslärm. Einfach sich hinsetzen oder hinlegen und bequem ausstrecken. So lässt sich aus adäquater Entfernung bestens das Spiel des unbändigen Wassers und der Verkehr auf der Brücke beobachten. Nun kann man wieder Kraft tanken und die Sonnenstrahlen genießen. Man wird innerlich ruhiger, die Seele blüht auf, und der Kopf wird frei. Dieser wundervolle Ort bietet ausreichend Gelegenheit, solche Glücksmomente zu erleben – herrlich, und das mitten im eigentlich lauten Rom.

TIPP

Die beste Grattachecca, eine römische Variante der Granita, gibt es im historischen Kiosk Sora Mirella an der Ponte Cestio.

● Isola Tiberina, zwischen der Ponte Garibaldi und der Ponte Palatino, 00153 Rom
● ÖPNV: Bus 85, 170, Station Petroselli; Bus 60, Station Piazza Venezia; Bus 63, 492, Station Argentina

Verliebt in den Tod

80

Deutscher Friedhof nahe Porta San Paolo

Rom kann quirlig, schrill, hektisch und anstrengend sein. Umso wertvoller sind deshalb die wenigen wundervollen Ruheoasen der Stadt, perfekte Orte zum Entschleunigen. Eine dieser Raritäten ist der historische, private Cimitero Acattolico.

„Der protestantische Friedhof ist der schönste, den ich je gesehen habe", schrieb der Maler Edvard Munch 1927. Und der Autor Percy Shelly stellte fest: „Es möchte einen in den Tod verliebt machen, an einem so schönen Ort begraben zu werden!" Über 4000 Verstorbene ruhen in meist kunstvoll gestalteten Grabstätten zwischen riesigen Palmen, schlanken Zypressen, blühenden Orangenbäumen, duftendem Lavendel und dunkelgrünem Rosmarin.

Mit Beginn des 17. Jahrhunderts wurden auf dem, damals außerhalb der Stadt gelegenen, Gottesacker ausländische, in Rom lebende Nichtkatholiken beerdigt; innerhalb des „geweihten" Bodens war dies verboten. Ebenso untersagt war bis 1870 das Aufstellen von Grabkreuzen. Um die letzten Ruhestätten dennoch würdevoll zu gestalten, ließ man prachtvolle Statuen und Skulpturen anfertigen – wie der „Engel der Trauer", ein pompöses, berührendes Monument des Bildhauers William Story für seine verstorbene Frau.

TIPP

Der informative Führer zum Friedhof (in deutscher Sprache) ist erhältlich unter www.cemeteryrome.it.

Wer über den Friedhof schlendert, entdeckt zahlreiche Gräber berühmter Persönlichkeiten: So ruht der Schriftsteller John Keats neben seinem Freund, dem Maler Joseph Severn.

Auch August von Goethe, Sohn des berühmten Deutschen, und Gottfried Semper, Architekt u. a. der Dresdner Semperoper, wurden auf diesem idyllischen Friedhof begraben. Ebenso Wilhelm und Friedrich, die jung verstorbenen Söhne Wilhelm von Humboldts, der zu jener Zeit preußischer Gesandter in Rom war.

„Bewacht" wird der Friedhof von zahlreichen streunenden Katzen. Im Info-Zentrum kann man für die netten Samtpfoten und die Erhalter des Friedhofes spenden – vielen Dank!

- Isola Tiberina, zwischen der Ponte Garibaldi und der Ponte Palatino, 00153 Rom
- ÖPNV: Metro A, Bus 170, Station Barberini

Bibliografische Informationen der Deutschen Nationalbibliothek
Die Deutsche Nationalbibliothek verzeichnet diese Publikation in der Deutschen Nationalbibliografie; detaillierte bibliografische Daten sind im Internet über http://dnb.d-nb.de abrufbar.

2., aktualisierte Auflage 2024
Konzeption/Satz: Droste Verlag, Düsseldorf
Einbandgestaltung und Illustrationen: Britta Rungwerth, Düsseldorf, unter Verwendung von Bildern von © Fotolia.com: jd – photodesign.de; © iStock: Plociennik Robert
Fotos: Heide Geiss, außer:
Casa di Goethe: S. 51; www.stock.adobe.com: S. 11, 55, 63 (e55cvu), 21 (Stefania), 31 (dabobabo), 35 (Woody Alec), 41 (Vladimir Sazonov), 45 (Leonid Andronov), 47 (Pixelshop), 67 (Equatore), 83 (anamejia18), 89 (StockPhotoAstur), 95 (beau), 97 (Ingrid Walter), 99 (emperorcosar), 101 (effe45), 117 (floreaanastasia), 123 (lamio), 127 (Angelo Calvino), 135 (Rick Henzel), 139 (fusolino), 147 (Gerhard Seybert), 149 (Polifoto), 159 (Andrea), 161 (Enrico Rovelli), 167 (monika_b.)

MIX
Papier | Fördert gute Waldnutzung
FSC® C011279
www.fsc.org

Druck und Bindung: LUC GmbH, Greven
ISBN 978-3-7700-2647-0

www.droste-verlag.de